U0069239

人生操作手冊

Journey of LIFE manual

Faline

目錄

自序

　　我是個再平凡不過的 "平凡人"，曾歷經失業、婚姻關係失
敗、自暴自棄、怕寂寞、怕窮、怕廢、消極厭世、對人生無能為
力、對生活萬念俱灰。2016 年，在感到人生這盤棋下壞了只想
撒手不玩時，遇見了佛法，當時只知念經持咒、參加法會、修懺、
佈施、供佛...。2018 年開始經歷種種不可告人的波折，心境磨難
到真他 X 的絕望，於是為「離苦得樂」猛力投入修行，才逐漸體
會法喜和神的存在，開始收到高我-PG 的聲音（請容我稱祂 PG-
Personal God）。PG 緊鑼密鼓安排各種書籍讓我研讀（書單我已
列出於『曾參閱之書籍』），並引薦我接觸許多優秀的老師。2019
年初，我對十方諸佛菩薩強烈發願:「為更好地利益所有眾生而成
無上正等正覺」，2020 年 PG 開始安排一些人物向我詢問修行問
題，而為了做到最好的「利他」，我通常採用的回答方式，就是先
乾淨投出一念:「請讓我給出對他最好的知道」，然後靜心，答案
便會於腦中浮現---是的，我讓 PG 回答。漸漸在一來一往的 "對

1

答訓練"下，我與 PG 聯繫越加密切與嫻熟，接著 PG 可能感覺我準備好了，便給了我一個大型功課---讓我為光行文化撰寫靈性開悟教材。儘管我沒做過這麼大的 "回答"，但既然是 PG 安排，我亦何樂而不為。於是我安住這一念：「請讓我給出對所有眾生最好的知道」，PG 便開始日夜兼程陪伴我撰寫這部書，撰寫期間我幾乎每晚夢見自己在上課，有時一對一教學，有時在大型法會中上課。就這麼醒時寫書，睡時上課，連著三個月馬不停蹄地將它完成。

我可以明顯感覺到訊息有兩種不同來源，一種是純然的知道，從頂輪進來，另一種是愛，心輪亦會強烈運轉，所以每當我坐下開始寫這本書，頭頂會像持續戴著一頂電流小帽子，麻麻刺刺不斷過靜電，有時則還會加上心輪沉穩而大力地不斷博動。因為阿卡西的訊息會從頂輪接收，而神性訊息---純然的愛則還會使心輪活躍運轉。訊息掉下來時通常是一整團立體的，我透過自己兩光的文筆再將其線性化流淌出來（希望我的國文老師不會吐血），有

時一次掉下來的訊息量較大，我甚至感到頭內由正中心（眉心輪）位置發脹到快要炸開。當然我不能說自己單單只是憑空下載這些內容，PG 曾安排我接觸的書籍與老師都極為重要，因為我必須有那些認識與實際體驗，才能將訊息轉換為人類的各種名相與法門，於是這本書會如敘述實際操練方法的工具書，也如各法門的導覽，讀者亦可由各個名相去找到其更深入的相關內容，使所學融會貫通。我知道 PG 這麼安排的目的是為 "串起" 與 "宗教合一" ，而非再創立派別或教團，畢竟重點在於 "合一意識" ，所以 PG 有意消弭各宗教及教團間的壁壘，行 New Age 路線，這也即是光行文化之所以成立的中心思想。

另外，我也非常感謝每位 "實體老師" 的教導，老師們各自都頗有知名度或宗教背景不同，所以我本不好意思列出任何一位，一來避免讓本書看似欲攀附哪位老師的名氣或標榜宗教派別，二來因本書涵容多位老師的教導，一位老師的教導也許與另一位老師略不同，我實在不該擅自讓他們彷彿在書中互相為彼此背書，

3

但自公開發表後由於持續左側偏頭痛令我不勝其擾，PG 建議將祂安排我接觸的所有實體老師列出，也感謝雙生紫焰莫子老師提醒"法源"的重要性，當我決定列出法源時，頭痛不藥而癒，以下列出所有實體法源與受業經歷：

2014 年由吉隆山慈普禪寺/釋證和師父指導皈依淨土宗

2016 年受業於中華直貢噶舉協會/森給滇真(阿里)仁波切

2018 年經由網路視頻向藏傳佛教寧瑪派上師/慈誠羅珠堪布學習佛學及六祖壇經

2019 年於雙生紫焰轉化班一期與七期向莫子老師學習大圓滿（登出轉化班）

2019 年於中華直貢噶舉協會向森給滇真(阿里)仁波切學習大手印（禪破班）

曾參閱之網路文章或 youtube 視頻：

華藏淨宗學會-淨空法師、慧燈之光-慈誠羅珠堪布、法鼓山農禪寺-聖嚴法師、南懷瑾老師、宣化上人、梵漢咒語大講堂-林光明老師、易度門-楊寧老師、雙生紫焰-莫子老師、靜水潛流-丁愚仁老師、Sadhguru 薩古魯、Sri Sri Ravi Shankar 古儒德夫、OSHO 奧修、Bashar 巴夏。

曾參閱之書籍：

賽斯《靈魂永生》、賽斯《個人實相的本質》、《與神對話三部曲》、《奇蹟課程》、《告別娑婆》、《妙法蓮華經》、《大方廣佛華嚴經》、《六祖壇經》、《心經》、《金剛經》、《大佛頂首楞嚴經》、《圓覺經》、《法界寶庫論》、《恆河大手印》、《老子》、《修練當下的力量》、《靈性開悟三部曲》、《開悟日記》

感謝宇宙中所有法源，在此表達我對每位老師的深深敬意與誠摯感激。

PG 讓我集大成去貫通彙整有用的法，我希望讀者莫認為我只是要抄襲，畢竟宇宙的雲端資料庫內什麼都有，訊息也都是共享的。PG 與我都真心希望這些珍貴的法不被捨棄或誤解，所以執行這項寫作功課時，我亦是帶著最大的敬意引用它們，希望不會觸怒某些堅守單一宗教立場的人（啊算了，觸怒就觸怒，PG 就是有意要我去晃動所有壁壘）。

總之，對我而言這本書根本不像是我寫的，我僅僅是撰述它的工具。至於書中內容是否能真實利益到您，我只能留給您自行評估。很抱歉用這麼荒唐的自序做開場白，這是我能為 "這部書的出現" 所做的最忠懇敘述。老實說我在上一版公開時還不敢編入『自序』，但 PG 告訴我：「不用怕荒唐，如實說出這本書是怎麼被寫出來的，這是你的真誠，也是讓所有人知道 PG 就在每個人之內。你越是平凡，越能展示 PG 的 "不足為奇" 」。於是我自掀裙子露底褲，沒錯，我不是老師、不是成就者、不是神聖的什

麼誰，我僅是被 PG 救贖的平凡人。至於這本書，PG 讓我寫，我就寫。劇中人永遠不會清楚聖靈有什麼計畫，但我樂於善盡人偶的職責，因為在意識上我只需堅定願力---以所有靈魂的最高利益為利益，PG 自然會指引我前行的路。

以上這些話您完全可以當作一個神經病的自白；以下整部書您也完全可以當作出自一個神經病。很抱歉我誰都不是，我就是個天真的傻子，我只能向您發誓與保證這本書的字字句句是基於"真心希望能利益讀者"而寫出來的。雖然我也曾懷疑自己是否能順利使本書流布，但 PG 說：「這不是你需要擔心的事，你只管寫出來，需要它的人自然會遇見它。」

前言：修行的目的

　　我們討論的不是一件閒著沒事才會去做的事，親愛的，我想告訴你，「開悟、覺醒」並不是無聊的追求，又或者是對靈性學有 "興趣" 的人才需要去選擇的追求。它不該是一種選修，而應是人類的基本教育，就像國民教育那樣必須被普及。

　　倘若你至少能認知自己是個靈魂，那 "生" 為一個靈魂，想把祂的人生駕駛好，就該學習怎麼駕駛。比如我告訴你，你現在其實是在開飛機，但你卻沒學過飛機怎麼開，那墜機的機率會有多高可想而知。

　　所以不要再責怪為何人生這麼不幸，為何有這麼多 "天不從人願"，其實你只是不知道怎麼讓它從你的願。請別逃避這門必修課，這是唯一讓你可以從此不再隨命運兜轉的重要課程。如果

你總是覺得天道不測，造化弄人，總是覺得自己無力改變命運，糟糕的事總一再重演，甚至人生陷入絕境，那麼請快點把這門課補修好。

「修行」其實並不是"修正行為"，許多人自詡「修行人」，以為「模仿聖人的行為」就是修行，完全搞錯方向。修行意指「行走"修理"的道路」，修理什麼？什麼壞掉了？是「心」壞掉了，所以投射了亂七八糟的外境。

「說法者」是醫生，「法」是藥，協助你修理「心」，修理好了會是什麼狀況？會了悟原來自己就是神、如來、宇宙本體。也許你會說，那這樣於我有什麼好處？ 好處可大了，當你成為神，你就是用「神之智」在生活。神智行走世間，豈不游刃有餘？所以「修行」是一條內在的道路，一個「尋找內在的神」的旅途，與你是什麼宗教和信不信鬼神並沒有直接關係。心修好了，外境（肉身也是外境）就會像副作用一樣自然變好，完全不需外求。

把心搞定，就會搞定你的人生。在這個物質豐富而精采的時代，你難道不希望好好體驗和創造生命之美嗎？

操作人生實相的方式，是使用意識對準「信念」去顯化實相（信念---賽斯用詞：象徵），我知道你可能已經急於想馬上開始研究「顯化法則」，但請不要著急，市面上顯化法則或吸引力法則的書籍很多，如果你曾閱讀但並沒有改善生活，整天還是充斥煩惱、痛苦、匱乏、恐懼...。我可以明明白白告訴你，並不是因為那些書籍教的方法無用，而是你還沒有能力穩定地操控意識，並且可能你的發念根本就是顛倒妄想。

我得殘忍地告訴你，人類在宇宙中是很低階的文明。我們還有戰爭、還有對立、還受到恐懼控制、總是自私自利、總是因匱乏而不斷索求、總是用道德規範在匡正行為、總是自以為聰明卻做著自取滅亡的事。在確定把心修理好之前，我懇請你不要學習

顯化，因為不但無效，還會讓整個人類集體意識陷入更糟的局面。所以本書談的「修行」，是讓你能獲得幸福人生的修行。

幸福決不"只"在於擁有財富，但也請別擔心我所指的「修行」會是離情去慾的清修。真正的幸福在於人生沒有煩惱、得大自在，而這與擁有「名、利、情」並不衝突，卻又不被「名、利、情」奴役，如此才是生命的最佳狀態。

書中前段為讀者布置了一些關於宇宙及物質實相的基礎知識，以利讀者更容易契入後段人生操作的實作方法。知識類章節為第一~十章，實作與人生應用類章節為第十一~二十三章，懇請耐心閱讀。

作者以 NewAge 為基礎，透過佛學觀念及禪法，融合賽斯書、與神對話、及其他宗教思想和靈性書籍，為你統整一套實用且快速上手的「人生操作手冊」。內容盡量精簡於一冊內，希望你

再怎麼無視「修行」，都能為了你的人生姑且嘗試閱讀。

　　全文立場並不偏倚任何一宗教，但提供較多 "釋迦摩尼佛的法"，原因是佛法在 "修理 (fix) 人生" 上有許多特別實用有效的方法。希望讀者能敞開心將釋迦摩尼佛單純視為一位 "大師" 看待，就如歷史上有許多令人尊敬的大師：耶穌、穆罕默德、老子、蘇格拉底...。大師們不斷訴說著相同的真理，留下各種嚮導、指標物、象徵物，指引人們憶起真正的自己是誰，但人類成立的「宗教」往往被人性驅使而建構一些非必要的制度，嚴重者甚至其歷代教團領袖為維護權威而自創種種將真理扭曲的教義。如果我們能單純聆聽大師們在說什麼，我們就不會因為一些荒唐的宗教教條而錯失真理。

　　許多佛教徒對佛法亦有極大誤解，無論是因參學未通透還是因封閉在單一宗教體制下學習的緣故，他們大多堅持許多既定的認知而導致流於形式或成為盲從依賴，失去獨立思考的能力。其

實佛法如良藥，人生若是呈"病態"，就建議服藥醫治。你說你的人生沒病嗎？ 先別太早下定論，有時我們只是根本不知道自己病了，如果你的生活有任何煩惱、痛苦、困惑、不自在、不順遂，我是說"任何"！ 都推薦你閱讀本書當作給人生做一次健康檢查，如有症狀請服用書中提供之藥方。當然再好的藥都不需於康復後一直持續服用，不過你可以從此將它收進你的口袋，未來若又舊疾復發，你可以非常有自知之明地再拿出來服用，甚至當親人朋友犯病向你求助時，你還可以提供他們服用。

　　釋迦摩尼佛就如一位人生醫師，傳法 49 年開出非常多良藥，並告知何謂真正健康的生命狀態；道家老子思想著重講述真理和宇宙實相（《與神對話》、「賽斯書」內容接近道家），體現生命的浪漫逍遙，是一種讓人生休養生息的優美狀態；耶穌基督則是講述一種聖人模式（《奇蹟課程》接近基督思想），示現由凡入聖之後的神性狀態，沒有誰比較對，誰才是真理。本書撰寫目的在於希望使讀者皆能找到內在神性，從此能以自己最好的狀態去體驗

與創造人生。

ps.本書全文中出現的〝他〞皆不分性別。

-關於：存有 / 高我 / 靈魂 / 內我 / 自我 / 小我 / 維度

由於心理學、佛法、奇蹟課程、賽斯資料...，關於各種「我」的解釋與定義都略有差異，部分是因原文翻譯成中文時，譯者各自使用了不同名詞，也有些是將某幾個心靈層級統稱一個名詞，或將一個心靈層級依不同功能分為好幾個名詞。另外關於「空間維度」的定義，許多人也有誤解。為避免讀者將名詞混淆，在此先定調本書中採用的名詞定義如下：

- **存有**：entity，「我」的存在本體，是物質與非物質的所有我之總合（完形），God 的每個自己，Personal God。
- **高我**：「存有」對「自我」說話的聲音（導航），可解釋為「我們內在的神」，也等同 Personal God。
- **靈魂**：使用賽斯定義，等同於「存有」。
- **內我**：「存有」與「自我」之間的非三維實相部分，一個人

的身體就是其「內我」的三維投影。

- **自我**：self，「我」這個個體。

- **小我**：ego，保護「自我」，捍衛「自我」利益的三維心智，靈魂進入三維後受到扭曲的心智。

- **三維**：當前這個現實世界我們稱「第三維度」，它其實是「第四維度」。因為這裡有三維空間及一堆時間，這形成了「第四維度」世界。

- **五維**：地球即將進入「第四密度」。「第四密度」是地球人的一種說法，主要因為有時人們會誤以為現在是從「第三維度」到「第四維度」的轉變。其實我們已經在「第四維度」了。因此進入「第四密度」意味著進入「第五維度」。

-關於：實相、虛相

　　以佛法用詞，肉眼可見、可以壞空，為「虛相」，超越肉眼可見、不生不滅，為「實相」，《奇蹟課程》與《告別娑婆》對「實相」的解釋與佛法相同。但以賽斯用詞「實相（reality）」，同巴夏用詞，指的是所有可見的、生滅的、成住壞空的世界，本書中的「實相」是採用賽斯的定義。

第一章：什麼是「空性」？

　　真實的我們是操作意識的能量存在，我們是多維的「存有」，以三維中身為人類（和生物）而言，我們在自己的意識中心，用自己的能量投影播放著自己的三維投影片（三維單指〝人世間〞），所以你看到的、聽到的、聞到的、吃到的、身體所能感受的，全都是你自己。

　　這是一個什麼概念？舉例來說，如果你釣起一隻活跳跳的魚，將牠烤來吃，這意味著，在能量層面，你的人物殺死了一小部份的你自己，然後吃進你的人物肚子裡。那魚在魚的意識中心投影片裡發生什麼事了？噢！牠用牠的能量投影了一個人將牠釣出牠投影的河水，並把牠用牠自己的能量投影出的火烤了，牠在牠的能量中感受到疼痛，然後牠的魚生就結束了，至於所謂的業力問題，我們於【負罪感】章節會另詳述。

18

再舉例來說，如果今天刮颱風，你站在你家陽台，看著窗外狂風肆虐，路樹被吹倒，廣告看板在空中飛舞，這意味著，你用你的能量投影了如此強大的風暴，不但能吹倒你投影的路樹，還將你投影的廣告看板吹得四處飛舞，你所看到的、聽到的、感受到的颱風，是你自己。雖然並不表示這刮颱風的事件是你單一意識獨自造成，但你確實單獨在你的意識中心將它投影出來，提供了自己一場視覺感官全面的震撼，你就生活在你自己的能量裡面。

我們每個人都完完全全在個別的私人宇宙中，透過意識與所有人一起建構這個共同實相。「一花一世界，一葉一如來」，這不是講述一種境界，而是一個事實。其實佛經有個撰述的習慣，就是當它在講述一個比喻，它會用「譬如...」或「如...」這類的字眼，如果沒有說是比喻，你完全可以將它看作一個事實。我們的根、塵、識三者是同時發生作用，根塵相對而識生其中。也就是說，「你的世界因你的意識而存在」---我思故我在。

你可以想像成你就相當於貼著一支你專屬的 VR 眼鏡在欣賞一場個人的 VR 人生電影。每個存有戴著自己的 VR 眼鏡，所以每個存有永遠只能看到自己 VR 眼鏡中的畫面，即使所有的存有們好似在玩一個線上遊戲，但每個存有都無法看到別人的 VR 眼鏡中的畫面 (除了那些以佛法用語來說，叫「證得圓覺境界」的... 大師，他們可以進入其他人物的「覺察」)。

有初步認識後，也許你會說，那能量傳遞呢？能量流失呢？能量的消耗和補充呢？當我們打坐觀想宇宙能量進入我的身體呢？當氣功師父把氣傳進我的身體呢？

不要忘記，你所能看到的、聽到的、聞到的、吃到的、身體所能感受的，全都是你自己，你所投影的宇宙是你自己，你觀想的宇宙能量就是你的能量，你眼前的氣功師父也是你投影的三維影像，你倆純粹意識溝通著，這意識並非表面對話所互相知道的意識，而是 "存有" 層面的意識，然後他在他的意識中心發出「給

予氣的能量」的訊號，透過潛意識將"他沒說出的氣的運作方式"溝通于你，你在你的潛意識選擇你要接受或是屏蔽，如果潛意識接受，你會讓你自己能量投影出的他，將你自己的能量由你投影的他的身上，用"他的方式"流進你的人物角色的身上。

當你工作時、從事任何活動時，你感覺能量從你身上流逝，所以必須吃東西補充能量，事實上是，活動耗能即是你在將"你的人物角色的肉體的能量"轉化成各種活動形式，於是消耗能量，然後你再透過吃進你顯化在於你肉體之外的東西，來將你的能量送進你的肉身之內。也就是說，你的能量在"你投影的你的人物角色"與"你投影的宇宙萬物"之間來回傳遞。很饒口，但用文字勉強敘述就是如此。

所有的人（和生物）都是純意識溝通的存在，我們是同一個大能量的 N 個面向，如同我們在雲端共用共享著意識與資訊（也許說到「雲端」又好像它高掛在天空，但其實它就在周圍一切裡），

大家用意識彼此交流著，然後你只生活在你自己的能量投影中。好的，那你感受到自己有多麼強大了嗎？光是你一個人類意識就有如此強大的能量，你的能量的組成成分與上帝無二無別，只是你的意識認為，你是這個小小的人體，於是你只能體驗到「你是這個小小的人體」。

　　再強調一次「**一切都只透過意識進行，你在你的意識中心，用你的能量投影了你的宇宙**」，而這個顯相讓你能看到的、聽到的、聞到的、吃到的、身體所能感受到的你的宇宙，就是「空性」，當然空性不僅限於有 "相" 的部分，也包含我們無形無相的自己。所以在佛法中所說的「空性」，你在實相中可以理解為「空間」的「空」，你就活在空性裡，包含你的人物角色，也是由「空性」組成，換句話說，「**你的人物角色就生活在真正的你裡面**」。如果要將「空性」理解為能量，那可能你無法透過人類的科學認識完整的「空性」，因為我們所有的科學儀器都是三維實相的物質，我們很難透過科學研究去認識三維以外的能量形式，而我們卻都是多

維的存有。科學其實無異於神學，只是目前人類科學僅觸及了很小部分的神學，當人類覺得自己已經長大，不想再聽神話故事，所以試圖用自己覺得更高端的手法-科學，去尋找答案，然而現在卻還只摸到宇宙實相的一點邊。

那麼簡言之空性到底是什麼？空性是如何生出萬法？我們所生活的空間是如何產生這些物質實相？

其實「空性」以"非可見實相"而言，就叫做「阿賴耶」(賽斯用語：象徵庫)，「阿賴耶」就是「信念」(賽斯用語：象徵)。「無極生太極，太極生兩儀」，**整個宇宙的陰陽，陰為「靜」，陽為「動」；陰為「信念」，陽為「實相」，所謂「以靜制動」，其實就是「以信念控制實相」**。整個宇宙就是阿賴耶、就是信念、就是空性，宇宙實相就是由信念生成，宇宙無論「實相---可見的部分」或「信念---不可見的部分」，都是空性本身。關於「阿賴耶」，我們於【業力就是信念-解析阿賴耶】章節再詳細討論。

第二章：時空與輪迴

　　現在我可以說再勁爆一點的事了。你個人所投射出的他人，只是你個人版本的他人，而你也有無數個版本的自己在匹配著他人。所以佛說「無我相，無人相，無眾生相，無壽者相（壽者指時間）」，不僅你所看到的每個人和你的宇宙中的萬物，包含你的人物角色，都是幻相，都是意識投射，並且你和你的宇宙中的他人也有無限個版本，隨時經由你的不同想法，就能產生一個版本去體驗其他支線故事。說支線其實不公正，因為對當前的你而言，其他版本叫做支線，對另一個版本的你而言，當前這個你與其他版本的你也是他的支線，這就是所謂的「平行宇宙」，也就是佛法中所謂「妄想」的效果。

　　人生本就是一場光怪陸離的夢，只是你的覺察在時空中一直無縫接軌的體驗著，使你幾乎感覺不到破綻。每一個妄想都能體

驗，如果你此生結束時仍執意保留這些妄想，你總有輪到體驗它的時候，這也就是「妄想」與「執著」為何能讓人無盡輪迴，當然有時也不見得是下輩子才能體驗，只要你的意識允許，要這輩子就體驗也可以。

緣分是「業力」與「願力」的組合，當緣分結束，如果對你來說是善緣，你就不捨；如果對你來說是惡緣，你卻謝天謝地它結束了，導致這個差別的東西，就是「分別、執著」，所有實相界的無常，都說了是無常，你又何必期望它恆常不變？至親至愛有時會用離開我們的方式，來教會我們「無常」這件事，但看到無常的時候，就是拔掉「執著」最好的時候，「無常」如果能使你越痛苦，就表示你越執著。

莫怪我一直提醒：「真實的你，是操作意識的存有，是覺察，是上帝的一小部分，每個我們都只是上帝夢見自己是某人。當你醒來，你會看到所有人都在同一張宇宙大床上做著夢，我們從來

沒有分離過」，所以如果你覺得「愛別離」很苦，請提醒自己，你只是著了「相聚和別離」的相，因為實相有生滅，但真實的你並不只是這個實相。

如果你可以永遠安住在真實的你，而不是用小我（那個讓你無法感受到一體的遮蔽物）去看待緣分聚散，那無常就如你正在收看的節目忽然被轉台了，也許會有點感慨，有點不捨，但接著看別的節目也沒關係，如果你非要找個機會再看，那你就會投射出其他世好讓你可以再看，這就是「輪迴」。

那麼「輪迴」在時間裡是怎麼輪的？首先我們需要了解，我們的意識以「時間」的方式在進行體驗，所以會有先後，會有過去世、現在世、未來世的一種前後順序發生的錯覺，但實際上，每一線的你都是同時在進行，真正的你是多維且不受限於時空的存有，你就如同一本圓滿具足的書，上面什麼可能性的內容都有，而時間的感覺來自於你從某一頁開始依序往下閱讀，於是產生了

「時間」。

　　但有無數個生生世世及不同維度的你正在由不同頁閱讀著這本書，然後書中劇情又有無數個版本讓每一世的每個維度及每個版本的你閱讀，所以只要你的意識允許，劇情要多扯都可以，包含變換你的劇中的他人的版本，或是跳到任何一頁開始閱讀。不過變換他人的版本又牽涉到一個問題，就是「自由意志」。

　　當 "有你" 的時候，也就是你活在 "你是你的人物角色" 時，你有自由意志，你的版本的他人也都有他的自由意志，你選擇著「接受」或「屏蔽」，他人也選擇著「接受」或「屏蔽」；你如上帝一般自由，他人也如上帝一般自由，所以我們能在差不多的頻率匹配下認識一些人，卻在頻率無法匹配時，這些人會在你的故事裡淡出。除非你執意要繼續體驗有著某人的故事線，並讓你的意識開放到能接受自己可以顯化這個某人的其他版本，亦或你在故事裡讓自己與其頻率接近，那你就有機會與「同你當前能量頻

率匹配的那個版本的某人」繼續進行意識溝通，否則你只能體驗到沒有這個某人的你的故事。

另外，請不要覺得「頻率」因為有高低，就好似揚升了頻率很值得驕傲、頻率不高就比較卑劣，事實上，頻率只是決定了實相的顯化，一位菩薩常常能進入任何頻率示現祂的實相，而我們用頻率去判斷是無法看出祂來的，關於能量頻率，我們於【能量震動頻率】章節再談。

當「人無我」的時候，他人就沒有所謂的「自由意志」，因為根本沒有 "他人"。「人無我」就是當你是宇宙而不是一個人物的時候，你會感覺到所有人物是沒有自由意志的，因為每個人物都是你，所有的意識都是你的意識。到達「人無我」境界時，你是在意識中心覺照著一切你的意識---宇宙意識。這大概是什麼感覺？嗯，就是你的意識是集體意識，你的信念是集體信念，你的自己就是你的宇宙，你的宇宙裡的萬物都是你自己。所以佛陀渡人即

是自渡，無私即是最大的自私。

繼續談時空與輪迴的關係。當你執意要體驗某一種「妄想」，那你就會為自己設置了一股能量去體驗它（也就是「業力」或「願力」），它將不一定發生於時空上的未來，它可以發生於任何歷史背景的時空，當然也包含未來。

莫忘記，時空只是幻覺，你可以使用當下的一個念想就改變你的某一個過去世，無論是生出一個過去世或未來世，還是終止一個過去世或未來世，這就是為什麼斷「執著、妄想」可以停止輪迴，當然不是說「想」本身是一件糟糕的事，眾生亂「想」佛說是妄想，菩薩善用「想」卻叫「啟用空性」，可見「想」本身沒有問題，端看你怎麼使用它。

一樣是投生，非自願叫「輪迴」，自願又叫「乘願再來」，多諷刺，一切只看你的意識知不知道怎麼控制「想」。不受你控制的

29

執意亂想，就叫「執著、妄想」，於是這種被自己強迫投生的情況就是「輪迴」；一位覺者明明白白自我控制的發「想」，就叫「願力、啟用空性」，於是這種自願投生的情況就是「乘願再來」。如果你想要停止這種執意亂想，你需要「定力」，也需要破「分別、執著」，這部分在【為什麼會輪迴？】章節我們再詳細說明。

第三章：能量震動頻率

　　震動的頻率決定了我們顯化的實相，調頻是用切換的，而升頻是在掃瞄頻道。這有點像，第一次我們的電視接第四台，會掃描所有可看頻道，所以會從 001 台開始跑，跑到 700 台，於是知道有 700 台節目可以收看，下次再開電視，我們會直接切換要看的那台，不需再掃描。

　　頻率因為看起來有高低，所以高頻好像就很優越，低頻好像就很卑劣。事實上，頻率在能量上並不是一個高低數值，而是一種意識的擴張程度，如果要圖解它，那會像是一個由中心向外擴充的球體。在神的角度而言，頻率並沒有優劣，它只是決定實相顯化的狀態，由緊縮到擴張就如同遠離神與接近神；感受孤獨與感受整體；感受匱乏與感受圓滿；感受恐懼與感受愛；感受悲傷與感受歡樂；感受鬱悶與感受興奮。

所以不斷擴展意識，能切換的頻率就會變多，但在已知的頻率中想要對準某頻率，只需切換。通常我們會很在意自己在收看的人生節目是否美好，因為我們看了痛苦或悲慘的節目，我們會覺得痛苦和悲慘，然後我們拼命想讓自己有更好看的節目可收看，於是不斷想攀找更高的頻率，好似我們是被強迫看節目一樣，因為不得不看，所以想看更好看的，不想只能看難看的。

　　但是，並沒有誰在強迫我們看，也沒有甚麼是非看不可，更沒有規定什麼就好看什麼就難看，一切都是我們透過 "信念" 咎由自取的，如果你正在看你覺得很糟糕的節目，請不要責怪劇中演員，很抱歉必須殘忍地告訴你，你需要為你的人生電影負全責，因為這批演員都是專屬匹配當前的你的版本，是你用你的信念決定了他們要演出這樣的劇情。

　　靈修這件事，無論你走哪一條路，殊途同歸都是為了能認識

真正的自己，然後好好善用你的能力，去成為那個真正的自己。

其實我們本自具足觀看所有頻道的能力，一位覺者甚至在不想看

任何節目時也可以關掉不看，菩薩就是帶著這樣的自在解脫，乘

願入各種頻率，所以菩薩能入地獄，但我們不會說祂是下地獄，

祂們乘願示現各種樣貌來渡化眾生，有時甚至扮演極惡之人，做

一個逆助，來狠狠地磨難你。

菩薩做的壞事可多了，只是我們以為菩薩一定是善良可親的，

殊不知祂們為了渡眾生，什麼恐怖的事都願意做，即使知道會受

報都甘願，如果我們無法理解這樣的胸懷，又豈能理解「若見諸

相非相，即見如來」。

人生故事就是電視頻道，你如果想轉換你的節目，你就調整

自己的頻率，頻率越高節目越清明安寧，使人感覺寬闊喜悅，頻

率越低節目越晦暗混亂，使人感覺緊縮痛苦，聽起來好像廢話，

但現在請你看看自己的節目都出現些什麼？我沒有說節目晦暗

混亂就是較糟的，我只是說，如果你是菩薩，你當然可以不受節目影響而收看任何頻道，看著晦暗混亂的節目，但心中一樣寬闊喜悅，因為「感覺」是你可以自己賦予的，「現象」本身不具「感覺」的意義（賽斯用語：象徵的象徵意義是你自己賦予的，它可以隨意被你更換）。

許多人一有時間就把新聞節目打開，任由自己的意識隨電視的內容帶跑，新聞如果說：「國際關係緊張，大戰一觸即發，某某國在軍事演習，某某國在增加軍備」，然後看著這樣的節目內容，意識還跟著擔心恐懼，新聞如果說：「疫情又陷入緊張，單日疑似感染案例 12 名，8 名已確診，各城市進入一級戒備」，然後聽完這種資訊又自己延伸一堆恐懼。

請不要以為我們的新聞局有在控管節目，我們的電視節目就全都可以安心收看，尤其不要以為新聞的內容就一定是智慧的，因為新聞節目也是許多不了解意識怎麼操作的人所製作，這是我

認定人性良善而說，因為若製作節目的人很清楚意識怎麼操作，那這些新聞傳媒就是很恐怖地在操作人類意識，也就是俗稱的「陰謀論」。

但如果你本身就是從事傳媒工作，請回想一下你是否傳達過許多隨風起浪的訊息，甚至無意識地使其更加危言聳聽，製造煽情效果，使新聞更加吸睛，使更多人關注恐怖，使更多人認為政府永遠是無能的、兩岸關係是危險的、疫情是緊張的、社會是動盪不安的、經濟是蕭條的、老百姓是窮困的、有錢人是奢華糜爛的、工作是很難找的、...，請問你是「陰謀家」嗎？ 哈，我相信不是。

許多人只是不知道自己在做什麼，就像許多人也只是打開電視任由它隨意洗腦自己，知道這種洗腦有多麻煩嗎？因為你不單是看電視的時候讓意識跟著亂轉，連電視關掉後還持續在一天當中花許多時間去思慮著新聞說的現象。再嚴重一點就是不僅自己

感到很恐慌，還去跟家人、同事、街坊鄰居、親朋好友也一起討論這些恐慌，讓不知道的人也能趕快知道，能跟你一起恐慌。然後你了解你在做什麼嗎？你在試圖用很大的能量把你擔心的事顯化出來。越多人陪你一起擔心，就有越大的能量將這個擔心顯化。我們是操控著自己意識去顯化實相的存有，如果我們把操控權交給新聞傳媒，你又怎麼操控你的人生？

電視本身並不是糟糕的東西，就像手機也不是糟糕的東西。它們是中性物，糟糕的是我們如果自己要去選擇一些會使我們變糟糕的資訊---糟糕的信念，那我們就能很輕易地得到糟糕的人生。因為宇宙總是忠實呈現你所選擇的，就如同你選擇電視節目一樣。

所以當你接收到一些恐怖言論、恐怖資訊，也就是使你感覺到「恐懼」的資訊，你可以依你目前能力所及去讓意識做三種事情，第一種是停止再接收它，第二種是不去解釋它，第三種是改變你對它的解釋。

也就是說，第一種是直接轉台或乾脆關掉不看。第二種是清楚地認出哪些是扇動恐懼的部分，哪些是單純敘述事件的部分，然後只接收敘述事件部分，知道有這件事即可，不產生恐懼擔憂。第三種是將恐懼的外皮脫掉後，進而認出它實際上正在教導我們怎麼操作意識，教導我們如何選擇意識去顯化實相，它是我們的教材，是我們的導師。

　　如果三種你都能輕易做到，那表示你可以隨意收看電視節目或手機上的視頻、文章，或書局裡的書籍、報章雜誌，因為它們不但不影響你的判斷，還能作為你的人生教材。另外嘮叨地提醒你一件事，如果你有孩子，請注意你都在讓孩子看些什麼節目。

　　當你靈修到某種境界，你的外境隨意識顯化的程度和速度都會變得更驚人。若你看了什麼世界末日、恐怖攻擊、喪屍、變態殺人、悲慘人生、各種不順遂......這類讓心智有壓力的電影或書

籍，然後你自己的人生開始出現一些與其情境相似的混亂或不順遂（別以為不會呦，因為當意識太認同電影的情境，類似情境也會在人生中被顯化出來）。我想教你一個避免電影情節影響你人生的方法。馬上帶著覺察告訴自己：「那混亂是電影效果，我的人生不需要那種混亂，儘管我很喜歡那場電影，但我並沒有要那樣的混亂出現在我的人生。」，只要有覺知地將意識與你看的電影做區分，你便不會隨著你不想要的電影情節顯化人生故事。

那麼，再來談談外星種族的頻率，你想見到高等的外星文明嗎？巴夏說：「當你們的振頻領域接觸到像我們這種 "來自振頻比你們快 10 倍之平行實相的次元 "的實相時，你們會產生一種生理上的實際影響。當你們的振頻場遭遇(接觸)或融合我們的振頻時，你們「連到引發生存危機那一部分的頭腦」會產生作用，那會促使你們突然爆發出一種「認為自己正遭受攻擊或即將面臨死亡」的生理反應。你們會自然地啟動生存本能，並迴避那樣的能量。在這時刻，那單純只是你們生理振頻上的作用(本能反應)

而已。因此就某種程度上來說我了解，在心理上、心智上和精神上，你們有許多人可能已經非常準備就緒了，但是就生理上的角度，現階段不論在你們實相中的發展情況如何，這（與人類進行接觸）還不是一件我們可以對你們做的事。因為，這會在你們的身體反應上造成一種"生存上的恐懼休克"現象」。

這很難想像是什麼感受對吧？不過巴夏應該沒有呼攏我們，因為《大佛頂首楞嚴經》中在佛開始宣說神咒前，有段敘述：「爾時世尊從肉髻中涌百寶光。光中涌出千葉寶蓮。有化如來坐寶花中。頂放十道百寶光明。一一光明皆遍示現十恆河沙。金剛密跡擎山持杵遍虛空界。大眾仰觀**畏愛兼抱**求佛哀祐。一心聽佛。無見頂相放光如來宣說神咒。」這還只是看到慈悲的佛陀以三維的肉身示現神變，大眾就「畏愛兼抱」，可見超越三維的高頻是會令人體產生恐懼感的。

所以也許下次當你正身處寧靜的安全處，四週祥和美好，但

身體卻出現莫名恐懼感，請不要以為自己要見到鬼了，停止讓莫名恐懼感屏蔽你，試試告訴自己：「噢，酷呦，我可能要見到高等外星文明了。」一方面你會漸漸克服恐懼感帶來想立即轉身逃跑的反應，另一方面也許你會見到飛碟降臨在你家前面的公園裡。

再者，莫忘記你永遠只是生活在自己的能量中，宇宙中所有「存有」都是純意識溝通的，如果你要將恐懼感翻譯為「見鬼」，那你完全可以顯化一個讓自己「見鬼」的體驗，而不是見到外星人或神或......。「恐懼」是人類一種低頻的狀態，當你將某種身理感受翻譯為「恐懼」時，你會大大地降頻。換言之，一個時常低頻的人，遇到許多狀況都會習慣性將其判讀為「令人恐懼的事」。

恐懼感原本只是人類的自我保護機制，讓你可以因感到恐懼而警覺到危險，於是能避免許多人身傷害。但當它被小我濫用時，就造成各種無謂的擔憂和焦慮。所以每一種覺受，它本身沒有好壞，端看你要怎麼解釋（定義）它。

巴夏將接觸高等文明的覺受形容為「恐懼感」，是因為那是人類尚未認知的覺受，它近似於人類的恐懼感，而很遺憾地人類還沒有其他詞彙能貼切形容那樣的覺受，類似極度壓迫感與興奮感與未知感的結合，所以只能告訴你，當他們接近時，會發生那個很像人類恐懼感的覺受，而這時你要怎麼翻譯這個覺受，就看你自己的認知。

　　這就像有的人很害怕一些小昆蟲或小型囓齒動物，你如果問他之所以害怕的理由，他會說：「因為它是害蟲、因為它會帶來瘟疫、因為......」，全都是眼下無法危及性命的理由，仔細探討後就發現，只不過是他自己將見到這些小動物的體驗翻譯為「令他害怕的事」。所以請搞定你的「頻率」，因為頻率決定你怎麼解釋你的體驗；請搞定你的「解釋」，因為解釋決定你的體驗會讓你進入什麼頻率。

頻率就像體驗實相的渠道，這個渠道有寬窄，越寬體驗越開闊；越窄體驗越狹隘，而「解釋（信念）」就是你自己的濾鏡，它負責翻譯你的體驗，讓體驗形成你的解釋（信念），你的解釋（信念）又會改變你的頻率。這就是為何許多人越活越狹隘，因為他在腦中不斷重複跑遞減頻率的程式。而有些人越活越開闊，因為他在腦中不斷重複跑遞增頻率的程式。如果想要做一個心與境都開闊的人，就讓意識選擇高的頻率和美好的解釋吧！

第四章：業力就是信念-解析阿賴耶

業力（karma），就是「來自累生的信念」，我們每個存有都有專屬的信念儲存庫，佛法叫它第八識-阿賴耶識。這個解釋有點錯誤，等一下再細說為什麼。根據科學家說，業力就儲存在 DNA 裡，但我想他們只對了一半，因為 DNA 應是業力化現的實相，業力無法〝儲存〞在那個叫〝去氧核醣核酸〞的東西裡。〝東西〞是會生滅的，而我們是無形無相的存有。

「萬般帶不走，唯有業隨身」，當我們一再捨身受身，業力並不會隨著肉身腐滅而消失。其實業力就儲存在空性裡、如來藏裡、宇宙裡、上帝裡...隨便你怎麼稱呼它都行。佛法稱之「如來藏（宇宙全體阿賴耶）」，賽斯稱之「象徵庫」。空性生萬法就是靠這個象徵庫裡的「象徵（信念）」投影出宇宙萬物的。

山河大地是象徵物、星空是象徵物、桌椅碗筷是象徵物、飛機輪船是象徵物、動植物是象徵物、顏色形狀是象徵物、音流是象徵物、每個人是象徵物、萬物是象徵物...，任何有形象之物，包含第三眼所見，皆是象徵物。

　　「象徵物」就是「意識」透過「象徵（信念）」投射出的「實相」，換句話說，你所能看到的、聽到的、聞到的、嚐到的、身體感受到的，就是你用「意識」透過「象徵（信念）」顯化出的「象徵物（實相）」。你的世界（包含你自己）每瞬間在快速生滅，每次生滅都在使用“關聯於你”的信念顯化你的實相人生。怎麼關聯？透過一個「我」的認知，佛法裡稱「第七識-末那識」，相當於“我是誰”的定義，於是你這個“個體”就能透過“我是誰”的定義去從「宇宙整體阿賴耶」中撈出“專屬於你的阿賴耶”，佛法稱「第八識-阿賴耶識」。

讓我們梳理一次你的人生如何被顯化出來：你於你的意識中心，透過「末那識」使用著你的「阿賴耶識」，每瞬間閃現顯化著專屬於你的人生電影。這閃現就如撥放電影膠片般快速顯化一連串影格，不過它是場身歷其境的 3D 立體全息投影片。

　　這裡順帶一提，所謂的「證悟空性」即是當一個人突破他的「末那識」---"我"的概念，個體性會消失，於是掉入宇宙整體阿賴耶（法性大海、如來藏、大圓鏡智、圓覺）。一朵原本獨一無二的浪花就落入了法性大海，因而整個宇宙的阿賴耶都會被他照見。說被"他"照見也不太合宜，因為"他"的個體性消失了，他成為空性本身。

　　佛法小乘(上座部)弟子阿羅漢就是不想再繼續做一朵浪花，所以他們追求刪掉自己的個體，回到法性大海。但你可以試想，宇宙激起浪花的目的是什麼？應該不是跟浪花有仇吧？

接下來要講述的內容，是一個「存有」的 "基本架構" ，但不是每個「存有」都會完全依照這樣的架構製造自己。「存有」分裂自己與體驗自己的方式並不受任何架構限制，超過我們能想像的所有可能性。我盡量將基本架構表達出來，目的只在於希望讓你盡可能認識到自己是多麼複雜又多麼不可思議的存在，所以太複雜不想弄清楚也沒關係，知道它很複雜就好。

以下用代數解釋一個「存有」的 "各種我" 在「地球線上遊戲」中的層級關係。

神、宇宙、阿賴耶、法性大海、如來藏、一切萬有、象徵庫				
存有 （entity）	玩家	A、B、C...∞	在一體中的我（神的片段、神的每個自己）	幫所有內我汲取 A 的阿賴耶=「第八識-阿賴耶識」所在。
內我	帳號	A-1、A-2、A-3...∞ ⋮ ∞	所有生生世世的內我	有一個 "我" 的感覺=「第七識-末那識」所在。
自我 （self）	角色	a-1、a-2、a-3...∞ ⋮ ∞	所有生生世世的我	一個內我對應多個維度的自我，但一般人只能感知到三維世界這個「自我」，所以其他維度就先暫不編代數討論。
平行時空 （肉身）	人物	a-1-1、a-1-2、a-1-3...∞ ⋮ ∞	一個維度中所有平行時空的我	「第一識~第六識：眼、耳、鼻、舌、身、意」所在，透過「第六識-意識」感知「自我」。

（左側：↑ 覺察 ↓）

ps.存有、內我、自我是賽斯用詞。有些心理學派定義的「高我」同賽斯所述的「存有」，有些則是同賽斯所述的「內我」，名詞使用混亂。賽斯未使用「高我」一詞，但依賽斯對「存有」的定義，本書將「高我」定調為 "「存有」的聲音（導航）"，意義上「高我」=personal god。「自我」是 self，而「小我」是 ego。也有些學派定義「小我」就是「自我」。佛法中的「我執」是小我（ego），是對自 "我" 的執著。也就是說，「我執」的 "我" 是 self，「我執」是 ego。而達到「無我」是消除 self，去除「我執」則是消除 ego。

47

存有的架構

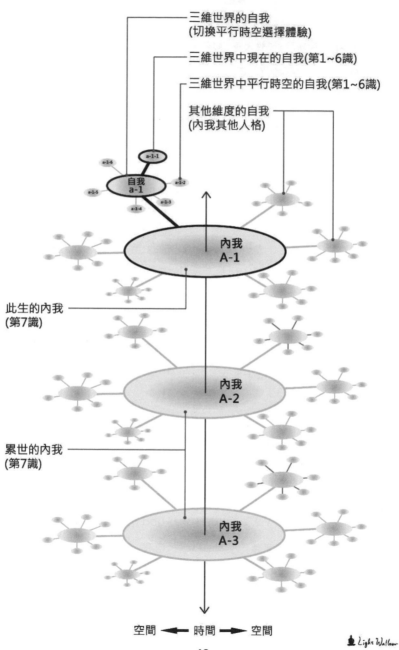

三維世界的自我
(切換平行時空選擇體驗)

三維世界中現在的自我(第1~6識)

三維世界中平行時空的自我(第1~6識)

其他維度的自我
(內我其他人格)

自我
a-1

a-1-1

a-1-6

a-1-5

a-1-2

a-1-4

a-1-3

內我
A-1

此生的內我
(第7識)

內我
A-2

累世的內我
(第7識)

內我
A-3

空間 ◄── 時間 ──► 空間

Light Walker

每個玩家---「存有」相當於「靈魂」，在遊戲中開出無數個帳號---「內我」，祂們是你的生生世世。每個「內我」都有個末那識，也就是「我是誰」的認知。「內我」由多個不同維度的「自我」組成，「自我」又是由多個平行時空的體驗去切換。所以你有時能於夢中透過「內我」瀏覽自己的累世記憶、造訪其他維度或其他平行時空的「自我」。

　　你之所以在「地球線上遊戲」中，是因為你的「存有」將「內我」投射於三維實相中體驗「人生」，所以這裡我們暫時只需討論三維世界的「自我」，因為人類在沒有開啟 ESP 能力之下，日常醒著時幾乎感知不到其他維度的「自我」。

　　「自我」其實是用多個平行時空的「肉身」在進行實相體驗。進行體驗時也還會不時噴出多個平行時空的「肉身」=a-1-1、a-1-2、a-1-3...∞。至於每一個「肉身」你就別管了，因為雖然你

是透過「肉身」在覺察，但「自我」不斷透過切換「肉身」在進行體驗，切換時幾乎是無縫接軌，而且經常在切換。有時一天還能切換好幾次，只是你不會有感覺。一旦切換版本，你連記憶都會使用另一版本。

　　例如今天你考慮是要在家睡覺還是去看電影，於是 a-1-1 在家睡覺、a-1-2 去看電影，兩件事「自我」都體驗了，「自我」看完電影感到很有體悟，於是選擇了 a-1-2 版的體驗，那麼你就不會有　"在家睡覺" 這段記憶。然而你偶爾會在睡覺時夢到一些恐怖的事，你醒來後說：「哇靠！好險只是夢」，但其實不是，它只是「內我」給你捎來一個信息，告訴你：「這個版本體驗過了，超恐怖的」。

　　這是一個很難在 "時間" 裡解釋的概念，總之 a-1-1、a-1-2、a-1-3...∞「平行時空」這一層我們就先不討論了，因為你的人生故事是 a-1「自我」這個層級在播放的。祂就如同導播，也

就是當前你有覺知的這個「覺察」。當你亂噴念頭，你會同時經歷很多版本的你，而最後是選用哪個版本作為人生故事，就看當下你擁有的「信念」怎麼複合式地依輕重緩急去影響你的劇情。

例如你相信 "世界即將陷入大戰" ，但你又相信 "你是個很長壽的人" ，那你的劇情可能會讓你體驗戰亂並劫後餘生。所以你可以決定你要體驗什麼，就憑你操控著你的「意識」去對準你所要使用的「信念」。

也就是說，你確實是你人生的導演。不要懷疑，你的電影中所有演員 (他人) 也都有 N 版，都是專屬於你的版本的演員 (他人) ，隨時準備陪你上台演出。現在既然你知道每個版本的你都如現在的你一樣真切地體驗著實相，每一個你也都如你一樣是「假有」的，感覺如何？是不是有種「那這世界還有什麼我必須緊抓不放？」的感覺？

還行嗎？我接著說。「存有」們都共用著「宇宙整體阿賴耶（宇宙全體信念）」，而單一個「存有」則還會使用整體中專屬於 "每個你" 的信念，也就是屬於 A 的阿賴耶，再透過「內我」A-1 的第七識-末那識去篩選你這一世所特有的專屬阿賴耶---第八識-阿賴耶識。於是你的長相性格基本定調就是靠阿賴耶識的作用（DNA）。這就是為何最前面說「專屬的信念儲存庫」是有點錯誤的解釋，因為其實並沒有什麼 "專屬的儲存庫"，而是像透過兩層漏斗汲取阿賴耶。

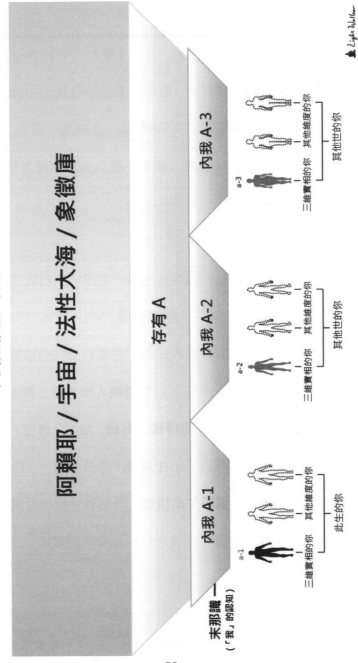

阿賴耶漏斗圖

阿賴耶 / 宇宙 / 法性大海 / 象徵庫

存有 A

末那識
(「我」的認知)

內我 A-1

a-1

三維實相的你　其他維度的你

此生的你

內我 A-2

a-2

三維實相的你　其他維度的你

其他世的你

內我 A-3

a-3

三維實相的你　其他維度的你

其他世的你

53

一個「存有」所有的「內我」---生生世世 (A-1、A-2、A-3...
∞) 共用第一層阿賴耶漏斗。一世中所有的「自我」---所有維度
的我，共用第二層阿賴耶漏斗---末那識。也就是「自我」 所使
用的阿賴耶（或稱業力、信念、象徵）是透過末那識汲取出來，
所以感覺就像專屬的。

說像漏斗，其實就是一個存有在每一世讓一個內我進入實相
前，會為其設定人生條件---「靈魂藍圖」---依照其 "業力" 與
"願力" 需要而設計。就像進入一款 "非常自由" 的遊戲前，先
將要玩什麼、怎麼玩大致底定。包含**創建人物角色**：基本長相、
人格屬性、性別、智力、...。**選擇進入地圖**：維度、時空、座標。
選擇靈性課題：父母、親人、出生環境、家庭成員、...這些通常
由靈魂家族負責演出。**選擇生命挑戰**：例如想要體驗長得很抱歉
但是成為首富，或是身體天生殘疾但成為優秀的畫家。

總之我們真的是來玩遊戲的，就是每個神的自己來實相中體驗和創造、創造再體驗、體驗了又創造、...。這本是一件非常酷的事情，但是地球維度太低了，心智扭曲太厲害，於是遊戲過程中，不斷累積自我限制的限制性信念、自我傷害的負面信念、甚至是自我毀滅的邪惡信念，於是我們自行將它玩成一款恐怖遊戲。

　　你的「存有」--- A，深知 A、B、C...∞都是一體的。因為 A、B、C...∞其實就是上帝的每個祂自己，就如你的生生世世就是你的每個你自己。你的「高我」相當於你的「存有」的聲音（導航），也就是說，其實「高我的聲音」就是個人神（Personal God）的聲音。

　　神為了感受祂自己，將自己分成無數個片段，讓祂們進入實相世界，每個都穿上「小我」的皮，忘記自己是神。然後因 **"認識"** 了實相中的各種品質，在實相中 **"經驗"** 自己所認識的品質，最後讓自己 **"成為"** 這些品質---神的品質。「高我」即是那個 **"成**

為"神的「存有」---你內在為你導航的神。所以透過靜心與「高我」對話，對你的人生會是無比重要的事。

在宇宙的木偶戲中，那至高的神、上帝、宇宙萬有、如來、阿拉、...=**聖父**，如同木偶提線者。存有「A、B、C...∞」是神的每個祂自己、內我「A-1、A-2、A-3...∞」就是每個神的遊戲帳號=**聖靈**，如同木偶的線。自我「a-1、a-2、a-3...∞」就是每個神的三維遊戲角色=**聖子**，如同木偶。

所以當你看到每個角色只是互相搭配彼此的信念在演出木偶劇，你便看到了木偶的線，及木偶提線者---上帝，於是明白了「聖子」就是「聖靈」就是「聖父」，也於是體會到**三位一體**。上帝既是唯一的上帝，也是萬有的一切，我們每個人即是上帝祂自己。

神(造物主)與的我的關係

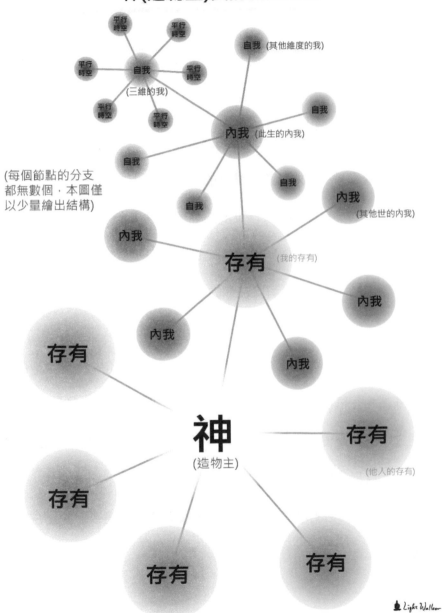

(每個節點的分支都無數個，本圖僅以少量繪出結構)

平行時空

平行時空

平行時空

平行時空

平行時空

平行時空

自我 (三維的我)

自我 (其他維度的我)

自我

自我

內我 (此生的內我)

自我

自我

內我

內我 (其他世的內我)

存有 (我的存有)

內我

內我

存有

神 (造物主)

存有 (他人的存有)

存有

存有

存有

Light Walker

一般來說三維的你感知不到其他維度的你，所以這裡我們只稍微提及，暫不將「多維自我」編代數。由於每個維度的你都使用屬於 A-1 的阿賴耶，所以每個維度的你之間的業力（信念）會互相滲漏影響。例如當某一維度的你在戰場上右肩負傷，三維的你可能會右肩疼痛。當某一維度的你修行功夫非常了得，你可能因此獲益匪淺。但這並非意謂著你是坐等其他維度的你發生什麼來影響你，而是你完全可以在你的「當下」影響著所有維度的你。

舉例來說，如果你有自我否定和自我挫敗的信念，導致你的三維實相正罹患某種疾病，在靈界的維度即可能表現為你正被邪靈之類的什麼侵蝕靈體，而這些意相很容易透過一位靈療師或通靈人士看見。所以當你因為生病而求助於宮廟、乩童、什麼高人、什麼老師...，他們可能會告訴你是因為有什麼鬼怪或邪靈正在附體傷害你。

然後你朋友也許會說這根本一派胡言，純屬迷信。其實說是迷信也沒有錯、說是真相也沒有錯，兩者間的矛盾只因為你與這些高人都沒有理解，一切問題的根源其實是「信念」，而 "三維的疾病" 與 "靈界的附體" 都只是信念投射顯化的結果。如果你只是暫時在靈體上透過靈療去除邪靈問題，但繼續持有各種自我否定和自我挫敗的信念，那你將很快再次感招（顯化）邪靈傷害的靈界實相，並且逐漸在三維實相中顯化出疾病。這就如同若你總是相信身邊的人會算計你，你就總是顯化生活中不斷出現算計你的人。

至於生生世世的自己，互相影響的方式也類似於多維的自己。一般來說你的累世之間互相感知不到彼此的存在（a-1 感受不到 a-2、a-3...∞）。但由於累世 a-1、a-2、a-3...∞全都使用屬於 A 的阿賴耶，所以於 a-1、a-2、a-3...∞之間的業力（信念）會互相滲漏影響。

例如當你受到某一世做動物的你強烈影響著，你可能會特別愚痴。當你受到某一世在地獄受苦的你強烈影響著，你可能會疲病交加。當你在某一世殺了一個誰，你因「給出傷害」而感到內疚，於是在阿賴耶識存入了一筆「對那個人的負罪感」（信念）。然後當此生的你將那個被害角色再次投射出來（佛法說的果報成熟），你會投射他對你給出傷害的劇情，好平衡這個「負罪感」。這就是佛法說的「因果報應」，也是現在大家常說的「冤親債主討債」。

　　而如果你並沒有將那個被害角色在三維實相中投射出來，且你又剛好是個相信「冤親債主會如鬼一樣跟著你」的人，那你就會顯化那個被害角色的「鬼樣子」一直跟著你向你討債。也就是說，由於你的相信，所以讓業力在靈界維度被實相化，這也是為何有陰陽眼、天眼的人，有時會看到真的有個無形的 "誰" 跟在你身旁。

如果這個「負罪感」並沒有來自任何特定對象，例如某一世的你曾經參加納粹而殺害了很多你素未謀面的人，你只知道自己給出了巨大的傷害。於是此生的你受到這個業力（信念）影響而掛著龐大的「負罪感」，這就很容易讓你長期是一個有許多自責信念的人。然後你的生活中就總是投射有人來傷害你或你總是疲病交加的劇情，好讓你能平衡這個業力。換言之，好讓你能滿足你的「自責」。

有時儘管你可能會奇怪自己為何總活得如此辛苦，但這個業力實在太強了，導致你固執地自我屏蔽掉所有能翻轉你命運的善知識，這就是佛法說的「業障」。但是同理，這並非意謂著你只能坐等其他世的你發生什麼來影響你，而是你完全可以在你的「當下」處理信念來影響所有生生世世的你。

有發現這其中驚人的結論嗎？你可以在「當下」照見所有生生世世及不同維度、不同時空的你的「信念」，就從你現在眼前

的人生電影中。而你也隨時可以在「當下」因為改變「信念」進而影響所有生生世世及不同維度、不同時空的自己。

　　其實你並沒有被「冤親債主」迫害，你只是被自己的信念迫害。你怎麼相信，你就能體驗到什麼。所以只要你願意，你隨時都可以透過「信念」的轉變，讓自己脫離「業力」糾纏。每個人其實都是自由的，你並沒有被迫輪迴，你並沒有被業力綑綁，一切皆因 "你是如何操作意識" 的慣性導致。

　　許多算命師都知道，修行人的命算不準，因為我們的確能透過「修行」改變使用信念的慣性，進而改變命運。不過儘管改變你的慣性思維就能改變你的命運，但整體而言人的一生的確有個依其 "業力" 與 "願力" 需要而設計的「靈魂藍圖」。

「靈魂藍圖」是一個存有以祂的最高利益設計的藍圖，當你開始隨順生命自然流動，追隨你的最高興奮，不再抵抗、不再拉扯，你將永遠走在真正對你的靈魂最好的「靈魂藍圖」上。

如果你還記得「每個人只活在自己的宇宙」這件事，你可能會感到奇怪，既然我傷害的只是我這個宇宙的他人，那不就表示我根本傷不了真正的他人？ 嗯，沒錯，但你只對了一半。你世界中的他人並不是沒有意識的假人，每個他人都同你一樣有「覺察」，就像每個平行時空的你都有覺察，他人也是。

雖然每個人都依自己選用的信念在切換著相符的實相，**你永遠不會知道你眼前這個他人的靈魂真正選擇體驗的實相是否與你在同一線故事裡，但你可以很確定的是，每一個他都是他，每一個他也都影響著同一個真正的他**。所以無須在意他人是否真實存在，因為對於他人來說， "所有的你" 也在做著與 "所有的他" 同樣的事---互相配合信念演出。

"人類"的我與他人與神(造物主)的關係

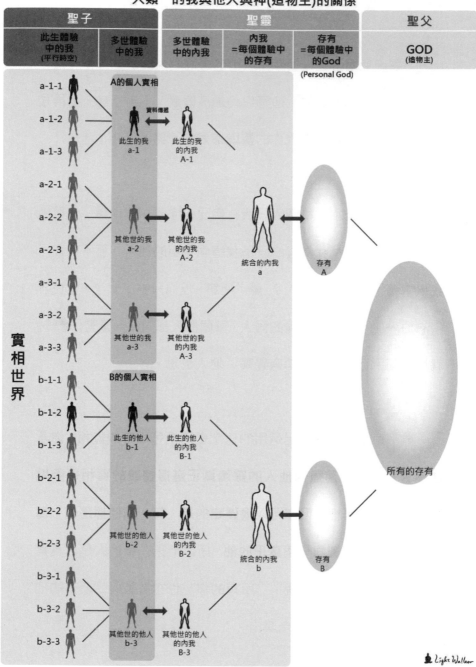

"真正的他人" 跟真正的你一樣，都是「存有」。而所有「存有」都一起躺在宇宙的大床上各自作著夢，夢到自己是人或什麼生命體。你在你的個人實相(私人宇宙)中創造你的版本的他人，例如 A 的 a-1-1 認識的 B，是 a-1 創造的 b-1-3，但 b-1 可能根本就正選擇體驗著 b-1-2 這個平行實相。

這不表示 b-1-3 不是 B，因為所有發生的事都能被「存有」感知，我們在自己的實相中體驗著自己版本的他人，而每個人彼此在意識層面互相溝通著，並集體創造了共同的實相世界。這也是為什麼一群人可以一起蓋同一棟房子；你可以跟朋友坐在一起喝茶聊天；我可以寫下這些文字被你所閱讀---現在你正透過集體意識，將這本書顯化在你的私人宇宙。

請不要以為去傷害你的版本的他人，真實的他會沒事。當你做了「給出傷害」之事，你在意識層面確實體驗到了「給出傷害」，

被傷害者也確實體驗到了「受到傷害」。舉例來說，當 a-1-1 殺了 b-1-3，不僅 a-1-1 在他的意識層面認知了自己「給出傷害」，成為 a-1 的體驗，b-1-3 也在其意識層面認知了自己「得到傷害」，並留下感受給 B。別忘了所有的你都同時存在，所有的他人也都同時存在，無論我們的「自我」最後選擇了哪一線的體驗，每一線的體驗都仍屬發生於該「存有」的體驗。

那麼存有與存有之間，是什麼關係？我們既已知道「A、B、C...∞」是神的每個祂自己，a-1-1=A=神的自己，b-1-3=B=神的自己， a-1-1=A=神的自己=B= b-1-3。所以當我們給出傷害，我們永遠只是在傷害自己，無論是能量上還是意識上。如果你所理解的「自己」還繞不出"你這個單一個體"的範圍，那簡單來說，你只需記得「你給出什麼，什麼就會回到你身上」。

這個世界是實有，但就像昨晚你真實做了一個夢，你能說夢不是實有嗎？佛陀心中無相，他清楚知道肉身是夢中「假有」，

所以他在「忍辱仙人」那一世，就是安住在這樣的「空性」修忍辱。無論他肉身受到什麼傷害，他的認知裡都沒有"被傷害"，所以他不起瞋恨。只是傷他的人差點就倒楣了，那位將仙人節節肢解的歌利王，當場嚇得大驚失色，匍匐到仙人血淋淋的身軀前請求懺悔和寬恕。仙人：「我心中沒有瞋恨」。歌利王：「大德，怎麼知道您心無瞋恨呢？」。仙人於是作誓願：「我如果確實沒有瞋恨，請即刻讓這身體復原如初。」說罷，身體即刻復原如初。

噢，你看，幸好仙人當場就幫歌利王平衡業力了。所以佛說「出佛身血」為「五逆重罪」，並不是佛陀怕被別人傷害而說出這種恐嚇的話。他只是在說，如果有人對"佛"這個「象徵物」做了「給出傷害」的事，會導致此人產生「遮止佛性」及「想要得到傷害」的業力。

也許你會想知道，如果我們認知他人的肉身只是「假有」、他人也是「假有」，於是去傷害這個「假有」的他人，那會發生

67

什麼事？ 我想告訴你，只要你還認為有一個 "自己"，那就表示你的認知裡一定還有 "他人"。唯有在「自他不二」的境界，他人於你才是「假有」。也就是說，如果你到達「覺者」的境界，你會至少很基本地知道眼前所有人都是自己、你與所有人都是同一體，這種情況下，你必定也不會想去傷害任何一個自己了。

第五章：負罪感

　　在【什麼是「空性」？】這一章我們曾談到有條魚被你烤來吃這件事，現在接著以這個例子講解「**負罪感**」的業力（信念）是怎麼生成的。雖然我們只能活在自己的能量裡，也就是我們只能戴著自己的 VR 眼鏡，但當你看到自己對魚給出傷害（這畫面想必很難讓你判讀為「我是在給出愛」），於是「我給出了傷害」會使你產生「負罪感」。而這個「感受」所連結的「象徵物」，就是「殺」這個動作。所以你會不自覺地產生一個「必須用 "殺害" 來平衡這個負罪感」的業力。以下將其表列會比較好理解業力與心理狀態的關係。

阿賴耶庫儲存信息：業力＝信念＝象徵＝定義＝解釋＝分別、執著、妄想			
事件	產生心理狀態 （解釋、翻譯、象徵）	象徵物 （實相）	平衡方式 （顯化結果）
給出傷害	負罪	殺	以得到「殺」平衡負罪
得到傷害	瞋恨、痛苦、恐懼		以給出「殺」平衡瞋恨、痛苦、恐懼
給出傷害	貪心、負罪	盜（掠奪、竊取）	以得到「盜」平衡貪心、負罪
得到傷害	瞋恨、懷疑、恐懼		以給出「盜」平衡瞋恨、懷疑、恐懼
給出傷害	貪心、負罪	邪淫（傷害之淫）	以得到「邪淫」平衡負罪、貪心
得到傷害	瞋恨、痛苦、恐懼、懷疑		以給出「邪淫」平衡瞋恨、痛苦、恐懼、懷疑
給出傷害	負罪	妄語（欺騙、謊言）	以得到「妄語」平衡負罪
得到傷害	瞋恨、懷疑、恐懼		以給出「妄語」平衡瞋恨、恐懼、懷疑

從這張表可以看出殺、盜、淫、妄極容易使人自取業力輪轉。

例如，給出殺→負罪→得到殺→瞋恨→給出殺→...沒完沒了。稍

微有點佛學概念的人可能發現怎麼沒有把「酒」列出來？因為「酒」

屬於「遮罪」。「遮罪」是說，你在迷迷糊糊之下，殺、盜、淫、

妄可能全都會幹，所以很麻煩。能使人迷迷糊糊的不單指酒，還

包含毒品、迷幻藥這類使人神智不清的東西。換言之，酒也不是

完全不能碰，但請務必保持神智清醒或至少在一個不會給出傷害的情況下使用。

　　殺、盜、淫、妄其實只是「行為」，但它通常只在「非愛」的情況下給出會造成「負罪感」。像是我們會服用抗生素進入體內「殺」病毒；我們會向天地萬物「盜」取東西來食用；我們都是透過行「淫」被賦予生命的；我們先騙自己 "不是神" 再去追尋 "原來我們是神"，這何嘗不是天大的「妄」語。這些時候，我們何嘗感到過內疚？所以重點不在於行為本身，而是你怎麼認定「行為」。「你認定自己有罪」，是「負罪感」唯一的原因。

　　那麼戰爭呢？軍人殺敵也會負罪？我只能說，「殺」這件事太危險了，只要你還著相，那怕只著一點點相，真的是很難不認為自己是在「給出傷害」。這也是為何許多軍人在戰後需要接受心理輔導，因為那些血腥畫面實在太令人著相了。

那麼如果殺人魔不覺得自己有罪，「殺人」於他還會產生業力嗎？ 就算殺人魔義正詞嚴地聲稱自己殺人的理由是多麼正當，他在「殺」的時候，受害者就是呈現痛苦的樣子，或者他就是知道有「受害者」，那他要如何打從心底不認為自己是在「給出傷害」？ 再者，別忘了你永遠只活在自己的能量中，所以當你殺了眼前的某個人，你是在 "襲擊自己的能量"。你也知道我們人類在無負罪感下大量破壞自然生態，自然一樣會反撲，那麼你認為「殺人魔的無負罪感殺人」會不會能量反撲？當然會！

所以當我們理直氣壯地認為這是個弱肉強食的世界，我們理所當然地食用天地萬物，我們最好用 "感恩食物" 的方式，去感謝牠或感謝神的賜予---為了讓你果腹而有 "能量體" 透過被殺害的方式壯烈犧牲了。像是基督教有「謝飯禱」；印地安人在獵殺動物時會與動物的靈魂溝通並為牠禱告。你若能去 "愛與感恩" 你殺的對象，那麼能量反撲和負罪感都將透過 "愛與感恩" 而抵銷。

你要明白，無論你殺害任何誰，你都是在殺自己。即使有個邪惡之徒要來殺你，而你回擊，你都得認知你是愛他的，但他做著錯的事，你不得不回手。這就像你的孩子犯錯了，你拿藤條體罰他，不是基於洩憤，而是基於 "愛" ，以這樣的出發點去做任何事，都將不會使你「遠離愛」。

但是以高維度存有來說，他們的世界並沒有互相傷害的概念，所以當有誰非要取他的性命，給就是了，因為身體只是「假有」。"祂" 非常明白自己並不是 "他" （肉身），"祂" 與取 "他" 性命者，並不在同一個層次上。這也是為何即使擁有廣大神力的耶穌，被眾人釘上十字架時，祂無意做任何反擊。

這裡就要提到自願式的結束生命---「自殺」。佛法說「自殺」會下無間地獄；基督教認為自殺是罪不可赦的。但事實上這其中並沒有誰來審判自殺者的 "罪刑" 。而是因為當一個人透過「自

73

殺」結束生命，他不但給出傷害，而且還是傷害自己，當下他的信念中不但包含「給出傷害」，同時還有「得到傷害」，當然也許還會有對家人的虧欠或對世界的憤恨或....，於此就不特別去解析。　自殺者對自己「給出傷害」，造成的「負罪感」會再投射出傷害給自己，自傷之後又得到傷害、得到傷害後又自傷，於是將產生一個可以循環往復不斷自傷的情境，或是一個循環往復不斷被地獄使者之類的什麼重複傷害的情境，這就是自殺可能造成的意識錯誤迴圈。有的「存有」能盡快在錯誤迴圈中發現這種荒謬，因而盡快使自己的意識脫困，有的則可能耗上很長的一段時期。但無論如何，「自殺」對一個存有基本上是一種阻礙發展的行為。

事實上，上帝並沒有創造「地獄」這樣的公共設施，但如果你執意要投射一個地獄，你就能體驗到地獄。並且也沒有人規定你的地獄要長什麼樣子，隨你自己用你的信念去創造。不過這世上也有其他 "無負罪感的自殺"。你可能聽過 "高僧坐缸圓寂" 或 "虹化圓寂" 或 "自焚供佛" 這類為了實現更高目的而自我

了斷的行為。這明明也是自殺，但卻與負罪感自殺截然不同。那麼你應該能理解關鍵只在於該行為是否能產生「給出傷害」與「得到傷害」的認知。一切就看你的「認知」而已，都是「認知（信念）」在起作用。

另一個較具有爭議的問題是，到底什麼是「邪淫」？你或許認為，婚姻關係之外的行淫就是邪淫。那很抱歉，這種定義只是人類的道德認知。這裡有一個行為通則你可以參考：「**任何讓你"遠離愛"的作為，都使你遠離神**」。

表達愛可以透過任何方式，當然「性」的方式不會例外，但「性」也不該是唯一。「性」是神的造物，『*性是喜悅，而你們許多人卻使得性成爲除了喜悅之外的任何別的事。*』--出自《與神對話》I-第 14 章。所以「邪淫」意指「傷害之淫」，只要令你感受到「遠離愛」的行淫，就是「邪淫」。可是這並不是指「兩人的行淫」使「第三人」感到「遠離愛」，我指的是「行淫」的

當事人是否感到「遠離愛」。當婚姻中的其中一方背叛婚約與其他人相愛行淫，是「背信」使婚姻中的兩人感到「遠離愛」，並非「邪淫」。但是帶著「負罪感」行淫，這對牽涉其中的每個人何嘗不都是一種「遠離愛」的感受，所以若要稱之為「邪淫」也是無可厚非。

『尼：回到性方面。

那麼，你是說，只要參與者和受影響者全都同意，那麼任何行為都是可以接受的。

神：生活中的一切不都應該是這樣嗎？

尼：可是有時候我們不曉得誰會受影響，或如何——

神：你們必須在這方面敏感。你們必須敏銳覺察。凡是你們不真正知道、不能猜到的，在愛方面，你們就會犯錯。任何決定的中心問題都是："現在，愛會怎麼做？" 愛自己，愛一切參與者和受影響者。如果你愛別人，你就不會去做你認為對那人

有傷害的任何事情。如果還有任何疑問，你就會等，等到弄清楚。

尼：但這意謂別人可以把你當"人質"。他們所需做的，只是說某某事會"傷害"他們，於是你的行為就受到限制。

神：只被你自己。你是否願意只做那不傷害你所愛者的行為？

尼：但是，如果你因不做某些事而感到傷害自己呢？

神：那你就必須告訴你所愛者你的實情——你因不做某事而感到受傷、受挫、受損；你想要做這件事；你想要你所愛的人同意你去做。你必須努力去求得同意。致力於達成妥協，尋求一個人人都得勝的辦法。

尼：如果找不到這樣的辦法呢？

神：那就重複我以前所說的：為不背叛他人，而背叛自己，終是背叛。那是最大的背叛。你們的莎士比亞曾以另一個方式說過：對自己真實，你便不可能，對任何人不真實，猶如夜之隨晝。』

--摘自《與神對話 II-第 8 章》

只要令你感受到「遠離愛」的行淫，就是「邪淫」。所以騙上床的、去夜店前撿屍的、強姦性侵的、戀童癖的、背信的...，類似這樣的「行淫」大致可將其歸類為「邪淫」。但我並不是在代替上帝給這些情況定罪，我只是在舉例，這樣的「行淫」，會容易使你感覺「遠離愛」。你可以問問自己，如果你是在這樣的情況下行淫，無論你是哪一方，是否有種「給出傷害」或「得到傷害」的感覺？ 甚至有時這種傷害不是眼下直接能感受到的，而是它可能使你從此對「性」產生了「遠離愛」的感受。

　　當然「淫」字本身涵義並非單指「行淫」，「淫」是一種心中升起 "貪愛" 的狀態，意指「慾求心」。《淮南子·覽冥》：「平地出水爲淫水。」，所以「淫心」你可以理解為心不平靜，升起「慾求心」。當任何「慾求」能使你感到患得患失，它於你便是「執著」。《楞嚴經》：「淫心不除，塵不可出」，故知「淫心」容易造成一個人對塵世的貪愛執著。能不能出離塵世是你自己的

事，無論你是否在紅塵中、無論你做著什麼行為，你是否有「淫心」唯你自己最清楚。這就是為何「有為法」不能使人成就，因為重點從來不在你的「行為」，而是你的「心」。

所有行為的本身並不具有好壞，好壞只在於我們去做它時的心，因為阿賴耶幫你存下的是你對實相的解讀，也就是「象徵物」對你的〝象徵意義〞。阿賴耶很公正，它不做判斷，單純地供你存和取，是你自己為這些「象徵物」賦予個人的〝象徵意義〞而存入阿賴耶，但也幸好因為它這麼公正，所以你可以自己刪改這些「象徵」。

你的業力對你忠心耿耿，你應該聽過一句話：「萬般帶不走，唯有業隨身」。無論你要透過什麼方式去平衡掉業力都可以，你不管它，它也會自己來找你平衡。不過往往大量業力來造訪時，真的會讓你難以喘息，這就是俗稱的「靈逼體」。為什麼會發生「靈逼體」？ 因為你的靈魂受夠了！祂不想再揹著這些業力啊！

所以也許當你遇到「靈逼體」現象，你可以換個角度想：「業力現前了，我可以大掃除了！」。

　　如果你有意識的去處理「業力」，那會像打怪升級一樣痛快。聖嚴法師的名句：「面對它、接受它、處理它、放下它」，就是指處理「業力」應有的態度。有意識的去覺照那些造成你眼前境遇的信念，你會發現「業力」其實是在為你指出通往神的道路。

第六章：業力的平衡

　　讓我們來談談人類許多「平衡業力」的行為。那些深知怎麼平衡業力的信念大師，發明了「懺悔法門」，像是佛教誦《八十八佛懺》、誦《百字明》消業障、《梁皇寶懺》法會、各種懺悔儀軌、煙供、火供、放生、廣修佈施...，甚至是「誦經持咒回向功德給冤親債主求解冤」。「解冤」這真的是高招，懺悔的行為、對象、目的都很明確精準，只不過又導致了許多人開始將「無形的冤親債主」也具相化的問題。

　　天主教、基督教、伊斯蘭教修 "懺悔" 還比佛教更勤，常常是讓信徒每週甚至每天都懺悔，好讓「給出傷害」的業力雪球不要滾大，手段非常高明呢！古代大師們可能覺得要讓當時的人們理解 "信念操作原理" 實在太困難了，所以乾脆直接教導信徒修「懺悔」。許多人雖然不明究理但乖乖照做，的確很有效；許多

人卻也因不明究理所以流於形式，於是不見效果。最麻煩的是篤信科學的人，他們因不明究理還高舉破除迷信旗幟，盲目打壓宗教，殊不知這些「信念操作」的手段其實就是為了讓大家搞定自己的業力平衡，實在太科學了，科學到科學都還沒能理解。

利用「懺悔心念」去化解「無形業力」的方法，一點都不瞎、不迷信，因為任何的「信念操作」只要適得其所，都能發揮良好作用。不過這種干涉信念操作的法門仍有副作用，那就是許多本來不至於造成「負罪感」的事，也都能被認定為「罪」。任何法門的使用，長此以往都能或多或少產生一些不良效果，這不是法門本身有問題，而是因為如果一個人就是無明，那任何工具他都能往錯處使。

現在當你明白信念是怎麼起作用的，你會知道處理業力更徹底的作法，其實就是直接消化掉這些業力（信念）。像是當你在此生遇到你累世的大仇人，如果你因為了悟了生命真相是「你的

82

一切經歷皆是來自你的信念投射」，進而你〝寬恕〞了你自己投射出這個仇人的所有原因（信念），這便是「真正的寬恕」。

　　例如你可能因為本身是一個嫉惡如仇的人，或你本身有悲劇崇拜，或你對於某些人性的品質非常不齒，你便會投射具備這些品質的〝人〞來讓你可以滿足〝你想不齒他們〞的心願。懂得放下這些「心因」，於是你真正徹底放下對〝這個人〞的仇恨。因為錯不在〝這個人〞，〝這個人〞只是配合你信念演出的演員。

　　莊子有個撞空船的故事，『莊子云：空船，虛己以遊世』---對面一條船過來了，船上的人沒控制好船，撞上你的船，這時你很可能會生氣。但如果那條船上沒有人，是個空船從上游飄過來，你還會生氣嗎？

　　於是乎，你不僅「透過重新定義〝這個人〞對你的意義，因此能平等慈悲地看待眼前〝這個人〞」，你還「消除了使你將〝仇

83

敵"投射出來的信念」。這個了悟會掃除你生生世世與他之間的業力，並且掃除了你生生世世對"仇敵"的認知。從此你將不再投射出任何"仇敵"，並且知道那些"令人可憎"的行為只是出於「無明」，甚至知道「無明」只是為了「明」想被彰顯而存在。

於此你跳脫了慣性思維，這個當下的"你"的醒悟，將瞬間影響所有的"你"。因為過去、現在、未來是同時存在，而每個"你"的業力（信念）也是共用的。親愛的，當你成為愛，你會如陽光般驅散三世的陰霾。

第七章：法性大海

　　以下為你整理一些法性大海---阿賴耶中的信念，由於世間名

詞太多，下表只能提供分類及其範例：

色	受	想	行	識
象徵物的認知	感受與情感的認知	象徵物解釋後的認知（想＝相之心）	行為解釋後的認知	意識的認知，包含 "我" 的認知
透過「眼耳鼻舌身」感知萬物，得「色聲香味觸」。萬物：地、水、火、風四大聚合之一切物質實相。	感官接觸外境所生之感受或情感。（樂苦捨喜憂、貪嗔癡慢疑）	對外境產生的感覺進行分析而得到的知覺和表象，也就是所有「相」之分別定義。	對外境的認識而產生的行為分別定義。	透過「意根」所得結論。

85

山、河、大地、動物、植物、男人、女人、外星人、宇宙、太陽、星辰、月亮、空氣、水、金錢、房舍、桌、椅、被褥、碗、筷、糞、尿、眼、耳、鼻、舌、身、各種實相之顏色、形狀、材質、聲音、氣味...。	快樂、興奮、焦慮、貪戀、喜愛、厭惡、瞋恨、傲慢、卑微、悲傷、痛苦、恐懼、懷疑、擔憂、寂寞、空虛、滿足、失望....。癢、麻、冷、脹、痛、癢、乾、潤、溼、滑、酸、甜、鹹、苦、澀、辣...。	色/空、明/暗、垢/淨、高/低、生/滅、有/無、男/女、陰/陽、圓/缺、盈/虧、增/減、大/小、多/少、生/死、老/少、病/癒...。	動/靜、勤/懶、忠/奸、取/捨、褒/貶、得/失...。	自/他、理性/感性、柔弱/堅強、愛/恐懼、善/惡、對/錯、智慧/愚癡、好/壞、是/非、正/邪、美/醜、成/敗...。

　　如果認識《心經》，對上表的內容應該不陌生。阿賴耶中裝的就是《心經》所提及 "無" 的那些內容。也就是說，打坐修止觀雙運「證悟空性」時發生的事，便是掉進阿賴耶---法性大海、

如來藏，照見五蘊（色受想行識）皆是信念，以賽斯用語來說，皆是「象徵」。

《心經》是拿來映證「空性」為何的。所謂空性，即是萬法，色空不二。當一個人打坐時入正定（滅盡定）掉進法性大海（宇宙阿賴耶、如來藏），不僅 "我" 的認知必然消失，同時也照見宇宙阿賴耶之所有內容。裡面什麼都有、也什麼都沒有；什麼都知道、也什麼都不知道。如若此人是抱著 "入滅" 的決心融入空性，一念不生，與法性融為一體，就如浪花落入大海，不再激起浪花，那他的肉身也可以直接死亡。

華嚴經中有句話「器壞水漏影隨滅」，這便是比喻若一個人鑿破他的「阿賴耶識」水缸，水漏---六根脫落，所有信念脫落；影滅---六塵不起，投射不出世界。當 "個體" 消失，便是打破「阿賴耶識」，而落入「宇宙阿賴耶」，於是不會投射出 "他的世界"，因為 "他" 不存在，這也就是禪宗所謂的「桶底脫落」---證悟空

性。所以此人如果本就心一橫打算入寂滅，落入法性大海後的確可以直接不回世間。

看到這裡請不用太過擔心你會打坐打到暴死，因為除非你有意識地堅決入寂滅，否則你肯定只是暫時在正定（滅盡定）中，於數小時後或數日後、或數月後、數年後、甚至數百年後，依個人定力而有別，還會被法性大海彈出來。亦或有人等得不耐煩，通過引磬使你出定。因為只要你本就懷有存在意願，肉體並不會自主消失，別忘了肉體也只是一個存有的三維實相而已，入正定（滅盡定）僅是停用了三維世界的"你"。

當入正定證悟空性之人回到他的人物角色生活，他會很清楚「自我」以及所有實相的虛妄、因為他親自體驗了「人無我」是什麼。他會知道一切萬事萬物皆由信念所生，一切對立面皆是自性（佛性、上帝、神、一切萬有、宇宙），一切皆是一體，於是他自然"成為"同體大悲、非二元覺知。用現代話來說，他會成

為愛本身、宇宙本身、上帝本身，不再認他的人物角色是真實的自己。而後他能做什麼？ 沒有做什麼，繼續生活而已，但他已體驗過「桶底脫落」。只要他喜歡，他可不斷消滅信念，直至投射不出世界，這便是佛教上座部（小乘）證阿羅漢果欲入寂滅的行者在做的事。當然如果有感同體大悲轉而升起利他心，他也可以迴小向大，做一位大乘菩薩，將來為眾生「乘願再來」。

「入寂滅」其實在佛陀的觀點是不究竟的，一位行者入滅並不能阻止宇宙生滅。靜極生動，動極又靜，生滅自然，生滅即是神的呼吸，生滅即是大涅槃。試想上帝把自己分成我們（---無數個上帝），想必不是希望我們一直自刪人物角色。上帝很清楚每個靈魂的最高願望---體驗自己是上帝。每個靈魂的最高願望，便是上帝的最高願望，因為每個靈魂都是上帝的自己。

這裡順便提及為何證「俱解脫」的阿羅漢可得「五眼六神通」（五眼：肉眼、天眼、慧眼、法眼、佛眼，六神通：天眼通、天

耳通、他心通、神足通、宿命通、漏盡通），當一個人物掉進法性大海照見一切阿賴耶（信念），在回到他的人物角色後，由於其意識曾擴張至宇宙整體，所有的信念認知都將鬆動，更改或刪除信念會變得容易，所以他若勤習四禪八定，則能逐漸開啟神通。

　　不過依各人敏感點不同、素質不同，出現的神通功能也就有差別。六神通中除「漏盡通」以外，無證悟空性只修四禪八定一樣可修得，唯「漏盡通」是佛法特有。「漏」指煩惱，「漏盡通」意指煩惱斷盡，為解脫之關鍵。《俱舍論》將未達「滅盡定」或未修「四禪八定」但已智慧開悟又得煩惱斷盡解脫的阿羅漢，定義為「慧解脫」阿羅漢，而「俱解脫」阿羅漢需禪定到達「滅盡定」與智慧解脫皆無障礙。好了，我想於此提阿羅漢的神通有點扯遠了。

第八章：為什麼會輪迴？

　　現在我請求你張大眼睛把這段話吃進腦袋：「**從來就沒有人強迫我們輪迴，一直都只是我們盲目亂用信念而自取輪轉**」。這話不是我說的，是佛陀說的，我只是用現代人話說而已。如果你不喜歡聽佛陀說，那麼賽斯也這麼說、《與神對話》也這麼說，《告別娑婆》、《奇蹟課程》也都解釋了靈魂轉世時並無強迫性的 "被輪迴"，甚至基督教、伊斯蘭教也直接否定有輪迴之說。這裡我想特別講述佛法真正的輪迴觀，因為兩千多年來有大量的人誤會 "佛陀相信輪迴"，甚至許多佛教教團都有這種誤會。

　　《圓覺經》云：「一切眾生從無始來種種顛倒，猶如迷人四方易處，妄認四大為自身相，六塵緣影為自心相；譬彼病目見空中花及第二月。善男子！空實無花，病者妄執。**由妄執故**，非唯惑此虛空自性，亦復迷彼實花生處，**由此妄有輪轉生死，故名無**

91

明。」什麼意思？簡言之就是「眾生因無明而自取輪轉」。人們把所見實相 "認以為真"，迷惑於實相，因而製造種種難以自拔的信念，於是自取輪轉。

佛陀所謂的「輪轉」，是指 "感覺非自願地被輪圈兜轉"，也就是說，我們因為搞不清楚自己在建什麼因、造什麼業，所以認為是非自願地在輪轉，但實際上是自己使自己輪轉。例如當我們很愛一個人非得要生生世世跟他在一起，或很恨一個人非得要殺他千百回，我們只是因為執著於非得要看到什麼劇情才滿意、或不甘願節目只看到這裡就被轉台，於是不斷自取輪轉。

如果因為某種執念，像是發個善念「我好遺憾我此生沒有好好對某某，我想要還能再好好對某某」，或是發個惡念「某某真的太可惡了，我一定要報仇」，這種主動發出一個強烈要再來的念頭，其實也可視為是一種「願力」，也就是恰如你是為某人「乘願再來」。但如果是因為負罪感或煩惱痛苦而來，像是「我害死

92

好多人啊！」、「我不甘願就這樣死掉~」，那當你為此再來的時候，就像俗稱的「業力輪迴」。其實「乘願再來」與「業力輪迴」講的根本是同一件事，差別只在於你是否清清楚楚知道自己為何而來，所以就有兩套說法。

菩薩是自發地啟用信念「乘願再來」，因為菩薩了了分明自己的每個念想會起什麼作用。而當菩薩明確地起一個"再次受身"的念想時，祂是自主自願顯化再次受生的實相，我們稱為「乘願再來」。但眾生不知道自己在幹嘛，總是妄念紛飛，又常為了一個過不去的坎，陷於執著不可自拔，於是眾生這種搞不清楚自己亂發什麼念想、又不願放下執著的情況，導致自己在莫名其妙的情況下一再投生，我們稱為「業力輪回」。

請相信我，「輪迴」並不是有什麼莫名的力量在強迫你，而是那個力量對你來說是莫名的。因為你忘了自己是操控意識的存有，就像你忘了你是飛機駕駛員，也忘了怎麼開飛機，你卻坐在

駕駛艙亂按著駕駛盤上的按鈕，瘋狂亂搖操縱桿，終於飛機莫名其妙地墜毀了，然後你大喊：「飛行實在太恐怖了，到底是誰在駕駛？」。

是該好好學習怎麼開飛機了！ 佛說：「覺者佛也，迷者眾生」。並沒有誰在操控你的命運輪轉，一直都只有你，你就是你人生的駕駛員。「開悟」之所以能使你習得如何「脫離輪迴，得解脫自在」，是因為「開悟」其實並非一件神奇的事，它只是當一個存有從「認知 "角色" 是自己」，轉變成「 "角色" 只是...一個角色」，進而開始學會如何使用意識操作「角色」，不再任由「角色（受小我控制）」亂噴念頭和胡作非為，產生一堆「業力」而自取無明輪轉。

既然我們知道「業力」就是源於過去生帶到此生的「信念」，那麼當我們於此生看到使你劇情重複的「信念」，我們並不需要知道前世到底發生了些什麼，就能在此生消化掉它。於是超棒的，

94

你完全不用再花 N 輩子去等待業力自然平衡，尤其等待的過程你可能又會亂造新業。所以只要你願意，你現世就能解脫出來。這本書就是在告訴你怎麼消化掉信念、學會怎麼操作信念，於是成為一個可以自由自在隨意願決定是否要「乘願再來」或「乘願去哪」的存有，也就是真正成為一位拿到駕照的生命駕駛員。

佛經都翻譯成文言文，在翻譯的過程中，詞藻華麗也是一個問題，有時太精簡或太晦澀難懂，導致許多人把「成佛」想得太太太困難。因為佛法中一般只把「成佛」定義為「成就無上正等正覺佛果」，那...真的挺難。但是關於成為一位佛 baby，就只需搞定「開悟」這件事。

「開悟」、「覺醒」等同於拿到駕照成為一位真正的生命駕駛員，這真的沒有那麼難。一般來說在宇宙中超過第五維度的世界，每個存有至少都是「初地菩薩」、「覺有情」狀態，也就是說，他們至少都是 "開悟的"。

說 "菩薩" 你可能又著菩薩相，腦中馬上冒出觀世音菩薩這類大菩薩的相，不，我不是在說祂們。「菩薩」這個名詞在梵語只是「覺有情」的意思，我們「有情眾生」只要「覺醒」，就是「覺有情」。所以請不用擔心，進入這個人類集體覺醒的時代，就如同你看到一則新聞報導：「各位三維的駕駛員，如果我們要一起揚升到非二元對立的五維世界，每個人都需要學會如何駕駛實相喔！所以大家請開始準備考駕照！」，就是這樣而已。

第九章：我們生活的幻境

　　人們習慣只將自己所見的實相認以為真，所以認為現實生活是真實的，「肉眼看不到的」則是幻覺。其實，全都是幻覺。所以當我們聽到關於其他維度那些光怪陸離的故事，如果我們認為那只是某人的個人幻想，這就表示我們自認人生真實存在，但別的維度只屬個人幻想，並不存在。然而事實上，人生和其他維度都一樣是幻境，因為真實的我們是無形無相的、操作著意識的能量存在，我們每個"存有"都用意識為自己在不同時空維度投影出無數個自己和自己的立體全息投影體驗。所以不只現在這個你是假有，不同時空維度中無數個你也都是假有。

　　這個世界所有實相都是實有的，就像你說夢是不是實有的一樣，你明明做夢了，你能說夢不是實有的嗎？在這世界之夢中，不是我們相信的才存在，不相信的就不存在，而是都以能量與意

識溝通存在著，存在於那個共同的母體---大宇宙意識中。只是我們能夠各自以意識選擇相信什麼，就只體驗什麼投影（實相）---自己的小宇宙。

　　去討論世界上有沒有鬼，或討論有沒有靈界、有沒有天堂，這就像討論「世界上有沒有錢」，與「我口袋裏有沒有錢」是兩回事。我們不能因為自己口袋裏沒有錢，就說錢在世界上不存在。只要有一個人相信，他相信的就存在於宇宙意識中，所以三界六道存在，地獄、天堂、魔、神仙、精怪、人魚、獨角獸、外星人...都存在，全都存在於宇宙意識中，只是我們選擇著要顯化什麼，同時也在自己的實相中創造著什麼再存回集體意識。所以如果希望集體意識不要有「邪惡」，就別一直創造「邪惡」，如果希望集體意識充滿「真善美」，就去創造「真善美」，這就是逐漸改變世界大夢的方法。

我想慎重的提醒，我們永遠只能看到自己信念投射的實相，只要看得到「相」，就是實相，就如夢境。夢境的生成只因「信念」所致，「輪迴」是我們信出來的、「地獄」是我們信出來的、「七月半鬼門開」是我們信出來的、「冤親債主」是我們信出來的、「惡魔」是我們信出來的...只要想的到的，都是被“信”出來的。我們很有創意，用意識發展出各種自己嚇自己的實相，要讓這些實相不再顯化的方式，就是不再去相信它。

　　由於我們只能活在自己的信念之夢中，所以無論你夢到自己是人類、還是神仙、還是外星人...。也就是說，我們只能玩到我們想玩的遊戲。這個“想玩”，不是嘴巴上(小我)說的想不想，而是使用意識去對準(使用信念)，於是顯化了相應的遊戲(境)。

　　你忘記了是你自己選擇要玩的，你以為是被迫玩著自己不喜歡的遊戲，其實你應該停下來好好“覺察”你的意識，覺察這一切是不是你自己用「分別、妄想、執著」“選擇”來的。

有人喜歡玩《太鼓達人》、有人喜歡玩《NBA》、有人喜歡玩《戀愛物語》、有人喜歡玩《動物森友會》、有人喜歡玩《邪靈入侵》、有人喜歡玩《仙境傳說》、有人喜歡玩《極速快感》、有人喜歡玩《麥塊》、有人喜歡玩《戰神》、有人喜歡玩《魔獸世界》⋯⋯，沒有誰喜歡的遊戲才是最需要玩的，純粹個人喜好，你愛玩靜謐可愛的很好，你愛玩驚悚刺激的也可以，只要你能永遠清楚自己是在遊戲中。

　　當你能安住自心不受境轉，別忘了提醒你身邊的隊友，「**我們只是在玩遊戲**」。因為我們都不希望有人玩到無法自拔，將自己困在遊戲裏求出無期。《金剛經》云：「凡所有相，皆是虛妄」。當我們進入遊戲，借假修真可以，但借假修真的重點在於知道是妄境，才是"借假"，如果認以為"真"，那談何"借假"，只會越修越真，妄境更大。

我了解體驗了恐怖夢境的人，會想跟沒有這些體驗的人說：「我說的都是真的，我親身經歷了！」，可是這麼做有什麼幫助呢？我們只是敘述我們自己的惡夢，並且增加了惡夢在宇宙意識中的份量。所以沒有必要爭論誰的夢是真實的，誰的是胡扯，請允許所有的夢境都是存在的。

而此生做了恐怖惡夢的人，也請體貼此生沒有做過這種惡夢的人，你不需繪聲繪影地強迫更多人去認識你所經歷的惡夢有多恐怖，這是仁慈，也是愛這個整體的方式，我們也許在某世或許多世都體驗過恐怖惡夢，像是地獄，像是魔境，但輪迴的「遺忘」其實是仁慈的設定。

若我們因某些人的信息傳遞而認識了某種惡夢，也不需去責怪傳遞信息的人，因為如果我們的頻率不允許自己去對準這些信息，我們是無法見到這些信息的。若我們見到了，這時如果我們進而將它翻譯成恐懼，這表示我們自己的內在有這些將其翻譯成

恐懼的信念，一旦該信念於我們不存在，它對我們便不具有任何意義，就像隔著玻璃牆看到隔壁房間正在發生他們的事，與我無關。

任何觸動「恐懼感」的事，我們應該要慶幸它被顯化出來了，於是這次我們可以選擇不再解釋它，不再定義它，讓這些信念於我們得以失去意義。並且在我們消化負面信念的同時，我們也是在為打掃宇宙信念庫盡一份力，因為別忘了我們是一體的。

眼前地球這個時空背景正是一場人類揚升 online game，我們之所以在這個時空背景的劇本下登入玩遊戲，就是為了能用三維全息投影玩這場「危險」的 VR 遊戲，這「危險」不是指你必會遭遇災難或死亡，而是你可能迷在遊戲中，忘了怎麼離開。

存有們，"修行"這件事就是讓我們「搞清楚遊戲操作方式」，並在遊戲中無論遇到什麼，永遠能「不被境轉」，否則就是遊戲

在玩你，而不是你在玩遊戲。遊戲中沒有哪件事更大，哪件事較小，我們都在作著夢，夢沒有比較大小輕重的必要，一切只是看大家喜歡玩什麼、是為了玩什麼而進入遊戲，無論你擁有什麼特殊技能，無論你馳騁至多高維的地圖，唯獨有件事非常重要，那就是不能忘記這都是你自己選擇要玩的。如果你迷在遊戲裡，以為自己是被迫在玩或被遊戲玩，困在遊戲裡求出無期，那遊戲品質就變得苦不堪言了。

既然要投入這場「危險」的遊戲，那「無懼」是你非常需要具備的品質，真正的「無懼」應是在遊戲中擁有「連生死都不在意」的豁達，而不是指擁有「奮勇殺敵」的勇氣。遊戲中遇到災難就體驗災難，需病苦就承受病苦，有戰爭就上場打仗，得暴死就坦然赴死，無懼面對遊戲中的各種挑戰，安住在一切是夢幻泡影。永遠記得這只是遊戲，只是幻境，你可以放輕鬆一點。超級瑪莉如果被魔王咬死了，也不過就是用掉一條命而已，這就是我們應該具備的「無畏力」。

從現在起，請你在聽到一些災難正在世界上發生時，首先要安住自心不被境轉，不與之相應。不與之相應並不表示你無情地漠視受苦之人(相應之人)，而是「不相應」才是真正不使糟糕信念擴散的最佳手段，請永遠記得一句話：「**擔心是詛咒，安心是祝福**」。當我們安住自心，有很大的定力讓心不被境轉，這時我們才能闖進苦難中散播無懼的安定、才能帶領人們以心轉境。

這樣的「不被境轉」，是安住在空性正見之下，明白一切是幻境，不再衍生妄念，無懼地走進他人的惡夢中，喚醒他人。這時無關乎你要幫他在夢中打怪還是治病療傷，只要你深知一切是幻、不再賦予它「真實」意義，你要做什麼都可以，「遊於畢竟空」的安心將能真正阻止災難繼續蔓延。

當你面對各種蟄伏中的災難，如果你的目標是 A 計劃：「不使災難顯化」，而不是 B 計劃：「遇到災難能勇敢地抵禦」，那

麼首當其衝我希望你能做到上述的安住。當然我並不反對有些人可能也對 B 計劃的內容感興趣，畢竟那叫做 "最後防線"，可是我們的意識其實不該同時去對準 A、B 兩種事情。因為當你加注越多能量在 B 計劃上，那就等於是在向宇宙下訂單：「我也想要訂購 B 計劃」。

我們當然也不需恐懼 B 計畫會發生，因為「恐懼」是最能使恐懼之物被顯化的力量，我們應該做到的是「無懼而安定」。孔子說智、仁、勇；佛說智慧、慈悲、無畏，「勇敢」與「無畏」差異為何？「勇敢」是鼓起勇氣不畏懼眼前的恐懼，但「無畏」是眼中沒有恐懼。請停止人類的慣性思考，因為人們總認為自己無力改變整個大環境、總認為自己是外境的受害者。人們總想「未雨綢繆」，然而當人們努力地未雨綢繆時，只是在努力顯化下雨，好讓他們的雨傘派上用場。

今天既然你知道了這些道理，那麼你更應該用這樣的「無畏力」保護好你身邊致愛的人，令他們也得到這樣的「無畏力」。我們希望你有泰山崩於前而色不改的冷靜沉著，帶著超凡的「無懼而安定」救民於水火。超越恐懼並不是努力避免恐懼之事發生，而是即使我們不希望它發生，但我們也不怕它發生。

最後，你要玩哪種遊戲？你要怎麼玩遊戲？都是你自己的選擇，一切就取決於你的信念。不過當你時時刻刻選擇信念努力去將遊戲玩得精采絕倫，那也仍是遊戲，如果你希望能想玩時就玩，不想玩就登出不玩，自主實相的生滅，可以。佛說只要停下執著、分別、妄想，你就是不生不滅的那個。

第十章：為何這世界是二元對立？

　　此章開篇要先引述幾段文章：

『神知道要愛存在——並認識它自己為純粹的愛，其正正相反的東西也必須存在。所以神自願地創造了那偉大的對立——愛的絕對反面——每樣不是愛的東西，現在被稱為恐懼的東西。當恐懼存在的時候，愛才可存在為一件可能被經驗的東西。』

---摘自《與神對話I》

『所以，做照亮黑暗的光吧，不要詛咒黑暗！

在被"非你"包圍的時刻，不要忘記你是誰。縱使當你想去改變創造物時，也要讚美它。』

---摘自《與神對話I》

『佛告諸比丘。爾時王者。則我身是。時仙人者。今提婆達多是。由提婆達多善知識故。令我具足六波羅蜜。慈悲喜捨。三十二相。八十種好。紫磨金色。十力。四無所畏。四攝法。十八不共神通道力。成等正覺。廣度眾生。皆因提婆達多善知識故。告諸四眾。提婆達多。卻後過無量劫當得成佛。

白話註解：佛告訴大眾，在過去無量劫前的那位把國家捨了，侍奉阿私仙的國王，就是我。當時的阿私仙即是現在的提婆達多。提婆達多是我的善知識，令我具足圓滿了六種波羅蜜，又得到慈悲喜捨，成就三十二相，又得到八十種隨形相好，圓滿報身現出殊勝的紫磨金色，得十力、四無所畏，又得四攝法來攝受眾生，又得到十八不共法，成等正覺，廣度眾生。這皆是因提婆達多這個善知識的緣故，佛告大眾，提婆達多之後將於無量劫中成佛。』
---摘自《妙法蓮華經》提婆達多品
（這裡不清楚提婆達多是誰的人煩請再上網搜尋他的種種惡行惡狀，總之無量劫來他生生世世一直是佛陀的逆緣。）

108

當一個存有想體驗自己有愛的品質，就需要有相對應的恐懼來滿足祂。當一個存有想體驗自己有正義與勇氣的品質，就需要有相對應的邪惡來滿足祂。當一個存有想體驗自己有寬恕的品質，就需要有相對應的仇敵來滿足祂。當一個存有想體驗自己是光明，就需要有相對應的黑暗來滿足祂。

如果這些道理你看完都說懂，可是當你遇到逆緣，你還是氣得吹鬍瞪眼，知道問題出在哪嗎？ 因為你還做不到安住在＂上帝的視角＂，以非二元覺知去看你的人生故事。這也說明，你還無法看出每個人其實就是上帝。

《六祖壇經》中述六祖惠能對惠明言：「不思善，不思惡，正與麼時，那個是明上座，本來面目？」惠明言下大悟！悟什麼？悟的就是這個非二元覺知，所有的二元關係僅是相互依存，為表

述彼此而存在，一切平等無別，全是上帝，於是「見諸相非相，即見如來」。

這是一個如此重要的知見，如果你契入它去生活，我保證你至少已經是半個聖人了。這世界上有許多人做著令他人痛苦的事，有許多可惡的傢伙、邪惡的壞蛋，但你是否想過他們正以自己的惡行在幫助受害者能體現自己所擁有的美好品質。當然這不是受害者的頭腦可以想像的，而是他們用意識為自己創造了自己所憎惡的對立面實相，為了能使自己經驗到自己擁有與其相反的品質。

這僅是一種對戲關係，一種有張力的戲劇呈現。戲子一下戲台，沒有誰不是神。如果明白這個道理，便知實相之外，並沒有善惡對立，所有的對立之相，只是為了讓每個存有都能在實相中體現自己。若無惡，怎知何謂善？ 當我們懂得感激善行，我們為何無法感激惡行？ 如果我們總是看不清這點，而陷入瘋狂的對

立與仇恨。你可知那將會造成什麼？ 這關係到二元對立實相的能量平衡問題---善與惡將會朝極端對立面不斷發展。

換言之，如果你真心希望世界和平，你可以無懼，你可以行善，但你不需嫉惡如仇、不需試圖彰顯你的正義。如果你真心希望世界充滿愛，你可以慈悲，你可以祝福，但你不需試圖彰顯你的寬容。長久以來我們的宗教大量曲解神的原意，讓人們失衡地做著許多 "違反天性" 之事，這就是為何動物的世界只是自然地弱肉強食，而人們卻能發展出極端的隱忍和極端的施暴。

當然 "不該違反天性" 也不表示有人傷害你，你就應該「以牙還牙」。即使是國家間的政治侵略，也不該代表「國仇家恨」。我只是在說，違反天性地容許他人對你施暴，反而是一種害人害己的做法。因為，如果加害者發現他的暴行是可被接受的，他除了變本加厲，又還能學習到什麼？ 你可以試想父母在孩子犯錯時會以某些行動讓孩子學到教訓，但卻不是基於對孩子產生了報

復心和仇恨。真正的慈悲應是如此，而身為一個存有，其真正的本質也是如此。

所以請停止所有的自怨自艾，停止所有的抱怨與憤恨，這個實相系統是一套非常公正的系統，宇宙並沒有偏袒任何一方，一切都是咎由自取。如果你寧願繼續責怪他人，你只是在把命運交到他人手上。請記住我們永遠只能看到自己信念投射出的實相，儘管好幾個人同時看到一個共同實相，我們也都只能透過自己的信念去對其做出自己的解釋。所以，你得為你自己體驗的人生實相負全責，唯有這樣，你才有機會開始改變它。

所有的體驗都是我們自己相應來的，我們需要了了分明自己的妄心。下面我舉出一些較極端的例子，但這不表示所有得到這些體驗的人都是依止這樣的妄心。每個存有之所以經歷某種體驗的心念都不盡相同，然而每個體驗都有其靈魂渴望的目的性在其中。

有的人生性對疾病很恐懼，非常著重養生與保健議題，花許多時間去討論如何避開疾病，於是各種疾病只好不斷出現，滿足他想要抵禦疾病、展現養生之道的渴望。

有的人生性疑神疑鬼，對恐怖情境又愛又怕，於是妖魔鬼怪只好圍繞他，滿足他想要受到驚嚇的渴望。

有的人生性勇猛好戰，視馳騁沙場為英雄豪傑，於是戰爭只好配合他發生，滿足他想要英勇殺敵的渴望。

有的人生性嫉惡如仇，眼裡無法容下任何違反善良認知的事，於是身邊的人只好惡言惡行，滿足他想報仇雪恨、伸張正義的渴望。

有的人生性高傲，總覺得他人無法如自己優秀，於是身邊的人只好碌碌無能，滿足他想體現自己優秀卓越的渴望。

　　有的人生性自卑，總覺得自己什麼都做不好，自己能力不足，於是身邊的人只好跋扈專橫，滿足他想受到輕視的渴望。

　　有的人生性慈愛氾濫，總覺得他人需要自己的照顧，他人總是孱弱無助，於是身邊的人只好孱弱無助，滿足他想體現自己慈愛備至的渴望。

　　有的人生性情感匱乏，總是渴望被愛、渴望得到關注，於是身邊的人只好冷漠絕情，滿足他想渴望被關愛的渴望。

　　再聲明一次，我只是舉出一些較極端的例子，並不表示所有得到這些體驗的人都是依止這樣的妄心。

請仔細回想每個你得到的體驗，背後隱含的靈魂渴望是什麼？然後停止再去怪罪是誰誰誰使你擁有這些的體驗，一切都是自己感招而來。也許你會說，有的孩子生下來就受虐，他們何嘗想過要經歷這種體驗？ 有的，只是你看不到他累世是如何造成這種渴望，佛說因果至少要看三世，你不會知道自己是如何在生生世世中埋下這些執念，但此生你何其有幸能看到你的「執念」。那就明明白白地讓它停下來吧！這就是擺脫業力的做法。

　　我希望你知道，這不是如心靈雞湯的療癒文章，這是苦口良藥，是令「小我」會極度不舒服和心生抗拒的猛藥。可是如果你希望藥到病除，你需要有意識的強迫自己服用。靈魂的愛，未必是讓你舒服的，許多時候能劈你刀刀見骨，使你真正大破大立。

　　愛你的仇敵，愛你的對立面。所有與你對立的，都是為了讓你用「非你」來體驗「你」。感謝他們扮演冷漠、邪惡、恐怖、

殘暴、傷害、仇恨、傲慢、羞辱、控制、愚蠢.....種種無明。如果

沒有「無明」，你怎能體會你是「光明」。

第十一章：讓小我臣服

　　神創造了萬物，神同時也將「小我 (ego)」給了你。「小我」亦是神的恩典，他是自我 (self) 的守護者，他被創造的最初目的是為了讓你感受不到自己就是 "神的自己"，讓你即使在一體中也感受你與所有人分離，讓你以 "不是神" 的狀態，出航去體驗 "尋找神" 的旅途，暢遊這個以 "人" 成為 "神" 的遊戲。

　　另一種較理性的說法：**「小我」是一個「存有」進入低維度後受到扭曲的心智**，因為五維以上的實相系統就沒有「小我」了。並不是所有實相系統中都有這種會感到分離、恐懼、匱乏的心智。「小我」是屬於較低頻的心智，這也是為何開悟者是高頻的。不過頻率高低並不代表優劣，它只是切換各種實相的 "頻段"。要進入某種實相就需要調頻至某種頻段，所以人類集體的揚升，需要集體調高頻率。於是乎，「小我」就成了我們應該要脫掉的外套。

「小我」在遊戲旅途中負責保護你的遊戲角色（自我）和人物（肉身），讓你可以暢意 "體現" 身為一個存有的價值。當你興高采烈離港啟程，卻在海面颳起風浪時，因風浪看起來太真實、太可怕，於是你開始賦權「小我」，同意讓「小我」瘋狂捍衛你。就這樣日久月深，他漸漸以為自己才是生命的老闆，於是他進而捍衛你生命中的一切，自私地屏蔽可能傷害你利益的任何人事物，強化你與他人的分離感，使你陷入孤獨。進而你落入身心靈戰亂的長期戒嚴，然後「小我」壯大如軍閥開始接管你對「自我」的控制權。

　　他本是盡責的心靈大門警衛、身體的免疫細胞、作業系統的防火牆，現在卻看到黑影就開槍。他被訓練成恐懼高手、吞噬自我的癌細胞，阻止了所有系統自動更新，他已經嚴重影響你的人生遊戲品質，所以我們希望你能認出他來，讓他做好他原本負責

的工作即可，無須為你發號施令，因為真實的你終究是你正在體驗的世界，而非你的「人物角色---自我（self）」。

你的「自我」雖然是美好的存在，但並不像「小我」認為的那麼至關重要。「自我」與「小我」都應只是你暢遊人生的工具，請善用這兩個工具，在你的世界做好每一個創造、享受每一個體驗。

怎麼認出「小我」？因為「小我」的天性就是要讓你感受不到 "你與他人是一體的"，所以他必須讓你維持與他人的對立。他不得不非常在意自己的 "存在價值"、害怕自己失去獨特性、希望透過攀比來證明自己。為了確認自己的 "存在價值"，他會選用各種可判斷自我價值的「價值觀」來批判自己或他人。

例如成功失敗的定義、美醜的定義、胖瘦的定義、善惡的定義、聰明愚笨的定義、尊卑的定義、好壞的定義、得失的定義、

賞罰的定義、功過的定義、恩仇的定義、對錯的定義、可不可的定義、應該不應該的定義、有罪無罪的定義...，看出來是什麼了嗎？就是各種二元對立，也就是「分別心」。

　　"分別" 並不是壞東西，你活在這世上如果不會明辨善惡、好壞，你才真的是壞掉的東西。但若你因為 "使用這些價值觀去批判自己或他人" 而令你的人生 **"不快樂"** ，這就是 "執著於你所分別的" 在影響你的人生品質。既然知道痛苦煩惱來自 **"執著於各種分別"** ，那放下分別、執著就是解開痛苦煩惱的鑰匙。

　　你可以一點一點慢慢放下，也可以一口氣全部放下。「小我」就如一間信念小屋，屋裡滿地的信念刀子，這些刀子哪來的？可能是累世帶來的、或是此生蒐集的，總之都是你自願選擇放在你的小屋中。每當故事中有人觸動你的信念，就如「自我」於小屋中撿起那把相對應的信念刀子朝自己捅，這就是為什麼信念能使你感覺受傷。

例如有人對你說:「人窮志氣窮」,剛好你是個窮光蛋,這時如果你感到這句話對你是有殺傷力的,那就是你從小屋中撿起"人窮志氣窮"的刀子捅自己,然後你擦亮這把刀並繼續將它安放於你的信念小屋,不但方便你將來可隨時撿起來自捅,還可以讓你感覺自己確實又窮又沒志氣。接著你就越顯化"窮",越窮又越感覺自己更沒志氣,越沒志氣就又越窮,陷入無窮錯誤迴圈。可是如果你選擇當場摧壞這把刀子,這句話不但傷不了你,你也不再擁有這把刀子。

信念小屋裡滿地的刀子你當然不會只有拿起來自捅,你的確很多時候還會因為某些信念刀子而自豪。例如你認為優秀的企業主應該呈現"做大事不拘小節"的風範,當你看到有人"拘小節",你可能馬上判斷他做不了大事。如果這時你想要指責那人,你便撿起"做大事不拘小節"的刀子,試著遞給那人讓他可以自捅。又或者你並無意傷人,只是默默認定此人必難成大事,那麼

121

你肯定能依此信念看到此人難成大事。因為你的人生實相絕對會依照你的信念絲毫不差地如實投射出來，也因為宇宙對你想體驗的事絕對 100%支持。知道你這是在做什麼嗎？你在養護擦亮這把刀子，然後沾沾自喜地認為這真是把漂亮的好刀子，因為它如此鋒利，能單刀直入地剖析他人，並且你也因遵循著 "不拘小節"，而使你看起來更像一個做大事的人。

　　既然知道這些閃亮亮的刀子就是不斷為你投射劇情的信念，那麼我建議你如果發現自己的人生總是一再重複發生某種劇情，例如總是生意失敗、總是遇到大考就失常、總是被人穿小鞋、總是遇到豬隊友、總是被欺負、總是冤家路窄...，或是總是一再重複產生一樣的情緒感受，例如受背叛感、受忽視感、不被理解、不被尊重、努力無法被看見、焦慮、無助、寂寞、忌妒、怨恨、悲慘、憤怒、負罪感、不被愛、不被包容...，你非常有必要檢查是什麼「信念」在影響你。(關於各種「信念」，請參閱【顯化】這一章節。)

每當你發現信念刀子為你投射出劇情或情緒，請你當場摧壞它，漸漸你的信念小屋裡就沒什麼刀子了。不過，我想推薦你一個更有效率的做法，那就是直接起身走出去，離開「信念小屋」---「開悟」---「完全認得小我後，從此不再採信小我」，這就是所謂的一口氣全部放下，小我會變得很安靜，一切關於"我"的分別、執著，一概不影響你，也一概不會為你持續投射繞不出死胡同的無窮錯誤迴圈。(詳見章節【「止觀」得用在生活上】-用生活「開悟」)

　　「小我」不喜歡你走出信念小屋，他總是自以為可以給你最好的保護。事實上他卻為你製造了最多的傷害，好讓他可以盡其所能地保護你。這就像防毒軟體公司自己製作電腦病毒，好達到對客戶的控制，讓公司能永續經營。

舉例來說，如果「小我」有個信念“人心是險惡的”，於是你就會為自己的劇情創造許多心地險惡之人，使你能處處提防他人、擔心他人算計你。你可能會不斷增加對付險惡之人的各種技能，你還可能因練就了你的腹黑而洋洋得意，感覺自己足智多謀、神機妙算。然後你更加確信“人心是險惡的”，於是繼續投射出更加險惡的人來對付你。

如果你沒有被這樣的“小我人生”打倒，也許你還能光榮地撰寫一本關於“如何腹黑”的書。但若你被險惡之人搞得苦不堪言，那是何等令人崩潰的無窮錯誤迴圈。這世上絕大多數人其實都過著這般受控於「小我」卻又只知道接受「小我」控制的顛倒人生。

請你感受一下「小我」的立場，「小我」以為自己是船長，以為他不控制船舵，船一定會在狂風巨浪中翻覆，所以小我很容易緊抓船舵，努力與風浪抗衡。但是請記住，你是操作意識的「存

有」，你只需停止再將意識對準「小我」的聲音，讓大腦安靜下來，對準「高我」，靜心傾聽。

「高我」是你的人生導航，祂是你的內在神性，祂是深知自己是"宇宙本體那片海"的那個真正的你。「小我」以為自己必須控制好航向，其實無論他在風浪中多麼奮力搏鬥，一直都是整片大海在漂流著船。所以，其實小我可以儘管放手，停止無畏掙扎，對海而言，不管駕駛掙扎與否，船終究只是在順流，讓「小我」去開船完全是在為難他。面對外境，「小我」根本只知顛倒行事，如果你請「小我」安靜坐下，那麼他完全可以躺在甲板上與你一同欣賞無論是波光瀲灩還是驚滔駭浪。

當「小我」不再掌控「自我」，你可以讓「自我」去做許多以前被「小我」阻擋著不讓你做的事。像是你可以不在意名聲地位、成敗榮辱，在舞台上單純展現你的自我；像是你可以不在意世俗價值觀，去從事自己真正喜愛的工作；像是你可以在他人沖你怒

罵時，柔軟如水地安撫他人，絲毫不感到委屈。從此你可以輕鬆看待「生命」，無論你正在經歷它還是在失去它，你都在 "享受"。

希望你勿將「小我臣服」誤會是從此什麼事都不做、不理會、不感受、不思考。因為那樣只是在繼續屏蔽「高我」的情況下，任由「自我」荒廢人物的所有功能。你會因此感覺自己在無止盡的浪費生命，而不是盡情享受生命的美麗與驚喜。其實讓小我臣服只需要放下小我的一切認知、執念，即佛法說的分別、執著(包含「我執」)。也就是說，想辦法「開悟」就是了。

說起「我執」，其實佛法並不是強迫我們要去除所有關於「我」的概念。「我執」是 Ego，而「我」是 Self。佛陀教那些不想再玩人生遊戲的弟子怎麼刪遊戲角色，其意義上刪的是「我」。也就是說，小乘弟子追求入寂滅，是要刪除「我這個人物角色」，直接不玩人生遊戲了。這是 "偏空" 的選擇，但沒有說這樣的選擇就一

定是錯的。有的人就是渴望這種選擇，佛陀尊重每一種選擇，不過佛陀這個「存有」並不是選擇這個選擇。

佛陀成道後在世間說法 49 年，行的是大乘菩薩道。這是一種在「無我」之境使用「我---人物角色」進行人生的方式，即是「無我相、無人相、無眾生相、無壽者相（時間）」，成為世界 "本身"，並在世界遊戲中扮演一個遊戲 NPC（Non-Player Character），幫助每個 "自己"。

如果你目前尚無意發弘誓願利益廣大人群，你只想要好好玩你的人生遊戲，那麼你可以放下「小我」就好，讓「自我」跟隨「高我」的導航去體驗「靈魂藍圖」為你鋪設的人生（---這也是巴夏推薦的做法：跟隨你的最高興奮）。

然而如果你感到內心深處有一種服務大眾的使命，那麼也許你是帶著所謂的「天命」而來。我們俗稱的「天命」，即是當一個

「存有」乘願而來要服務於大眾，祂的「靈魂藍圖」會具有特殊的服務性質。雖然當一個個體人物到達「無我」之境，他會自然完美地承接「天命」去行駛他特殊的「服務性靈魂藍圖」。但是實際上許多個體並不需要到達「無我」之境，一樣在行駛非常特殊的「服務性靈魂藍圖」，兩者的差異只是該個體知道不知道自己在幹麻而已。像是伊隆馬斯克（Elon Musk）、阿爾伯特·愛因斯坦（Albert Einstein），他們未必開悟，但他們必定總是追隨自己的最高興奮。凡你追隨最高興奮去做任何事，你就是走在你的「靈魂藍圖」上。

　　不要小看「靈魂藍圖」，它除了是依你的靈魂最高利益所設計，並且也永遠是為牽涉其中的每個人服務的，即使是一位離經叛道的黑社會老大、或是一名足不出戶的畫家。

ps. 佛法中的「我」是「自我---self」，而「我執」是基於「自我」所產生的一切「執著」，即是「小我---ego」，「無我」則是沒有「自我」。

怎麼有效率地讓小我臣服？首先你必須先停下你的慣性思維。「信念顯化實相」，這恐怕是全宇宙最真實不虛的一句話，現在看一看你的人生實相如何？這齣你的戲劇到目前為止你還滿意嗎？是否充滿幸福歡樂？是否到處可見笑臉？是否與你相處的人都真誠待你？是否沒有煩惱憂慮？是否豐盛美滿？是否沒有什麼能使你瞋恨惱火？是否沒有什麼能使你厭煩？是否即使夜深人靜時你仍感到靜謐滿足？是否你覺得再也不需要任何，你即是圓滿本身？嗯，可能還不是，不然你現在不會在看這本書。

你的生活就是你的樣子，你不只是你的肉身，你還是你的人生，你所經驗的一切就是你自己，我這麼說並不是詩意的漂亮話，我是在說 "真相"。於實相系統中，你可以想像真實的你就是一部電影---你的人生電影。你在劇中同時也是導演、編劇、運鏡、場佈、美術設計、選角、演員、攝影機、場景、道具...以及觀眾。你帶著大致定調的戲劇體驗目標---「靈魂藍圖」進入實相世界，然後在實相中使用各種信念即興自導自演。

你用信念去創造實相；你體驗實相後又產生信念。所以實相就是信念，信念就是實相，翻譯成佛話，就是「色即是空，空即是色」，驚訝嗎？只能說佛經這種詞藻華麗的文言文，真的太晦澀難懂了。

你所有的劇情，所有的！無一不是你自己選擇或產生的信念所投射。你以生前帶來的信念創造今世你兒時的實相。在你經驗這些實相後對它們又產生了許多信念（認知），然後你再將這些信念又絲毫不差地投射出實相來。於是，你不斷看到這世界確實如"你認為"的樣子。

也於是你建立了許多令你無庸置疑的堅固信念。然後你又永遠只能看到與你信念相符的實相，循環往復，演繹出你至今這部人生戲劇，而你就是這部戲劇本身。

那這跟「小我」有什麼干係？親愛的，「自我（self）」就是幫你創作各種信念的寫手，當「自我」受到「小我（ego）」擺佈，你就是在寫小我版劇本、上演小我人生。

人們接觸人生事件後常常是依照慣性做出〝結論〞，這些寫進「你」的結論就是「信念」。無論是你聽來的，還是你經過思索後自認為是睿智的道理，你都是不假他人親自將這些信念寫入你的信念庫---阿賴耶識---寫入你自己。所以當你的意識慣性地對準「小我」---聽從小我的聲音，你就是在按照小我的念想顯化你的實相。

「信念顯化實相」用佛話說，即是「緣起性空」、「空性生萬法」、「相由心生」、「心如工畫師，能畫諸世間」。你甚至應該把「信念顯化實相」當咒語持誦，每當小我開始嘮叨他的恐懼和擔憂、他的自以為是的見解，你就向他念誦「信念顯化實相、

信念顯化實相、信念顯化實相...」，就像使用伏魔咒降伏你的「小我」。

「小我」的天性是保護你，當他聽到「信念顯化實相」，他會乖乖安靜下來，待你想清楚後再去選用你所要相信的---你要啟用的信念。又或者最一勞永逸的作法，就是讓他永遠安靜下來，讓「自我」永遠跟隨「高我」的聲音行事，那你會舒服地活在靜謐安詳中，再也不擔心任何。然後當你確切地希望創造一種體驗，你只需乾淨投出一個慎重的「相信」。用佛話說，這就是用願力「啟用空性」。

當你開始對「小我」開刀，他肯定會很不舒服，有時甚至會快速顯化許多內在垃圾，讓你措手不及。尤其如果你是一個「小我」堅強的人，你可能會被翻出的內在垃圾搞得焦頭爛額，完全不知道往內 "覺察" 垃圾，於是深陷外境。別忘了「信念顯化實相」，當你看著外境發火時，停下來！告訴自己眼前這個境真的是

自己信念所顯化，立即去看你內在的垃圾信念，不要被外境迷惑了。

　　要讓嘈雜不止的「小我」閉嘴，你需要有很好的「定力」，讓你能停下紛飛的妄念，總是安住在當下，如此你才能清清楚楚自己要選用什麼念頭。（如何「停下來」帶著「覺察」去清理內在垃圾？請見章節【「止觀」得用在生活上】。）當你有覺知地清理內在垃圾後，你的生活會逐漸明朗。你的「小我」會因為被你習慣性認出，於是逐漸安靜，不再屏蔽「高我」的聲音。這時，你才終於開始踏上"與神對話"的旅程。

　　怎麼分辨「高我」與「小我」？「小我」是在你頭腦裡那個喋喋不休的大總管，貪、嗔、癡、慢、疑是他的習氣，他最在意的就是名、利、情。有"情緒"的是他；有"感受"的是他；有"分別、執著、妄想"的是他，他很吵很囉唆，累積了非常多的

認知、判斷、框架...（信念），所以他每天自起床就開始妄念紛飛。

面對各種外境的變化，他總是能馬上噴出一堆念頭，「我怎麼這麼倒楣？」、「可惡，只要我要結帳隊伍就好長」、「噢，怎麼一直遇到紅燈」...。而且「小我」很會攀附各種想法，不斷衍伸，奔流不止，例如也許只是看了信用卡帳單一眼，瞬間便產生一連串念頭，「老天這個月要繳這麼多錢！我到底花在哪裡？夠繳嗎？唉，我真是個月光族，老闆什麼時候才會加薪啊？老闆超摳的，我進公司 6 年了一次加薪都沒有，這工作我得做到何時？我要換工作嗎？....」。

如果你開始觀察「小我」，會發現他的碎碎念幾乎沒有停下來過。所以每當「小我」有念頭冒出來，請馬上覺察這個念頭對自己的人生是 "正導向" 還是 "負導向"。雖然從更高層面來看，人生體驗並沒有正負導向，任何體驗都有其價值。但如果這些體

驗使你〝不快樂〞，它對你而言就是〝負導向〞的。既然你不希望負導向顯化出現，就讓「小我」閉嘴，或者如果他一直很失控，乾脆隨時讓他閉嘴。

為何我們可直接把「小我」聲音當作負導向？因為人生其實只有兩種方向，一種是「靠近愛」的方向，另一種就是「遠離愛」的方向。你是否記得「小我」被神創造的最初目的？我再複述一次，「小我」的存在是為了讓你感受不到自己就是〝神的自己〞，讓你即使在一體中也感受你是分離的，讓你以〝不是神〞的狀態，出航去體驗尋找神的旅途，暢遊這個以〝人〞成為〝神〞的遊戲。請記住！神的本質是「愛」，**任何讓你〝遠離愛〞的作為，都使你遠離神」**。

所以我們雖然不能否認「小我」能對你的「自我」起到保護作用，但其實在「小我」保護下的「自我」，根本是隨時都可以使你感到「遠離愛」。既然「遠離愛」能使你「不快樂」，既然

「不快樂」對你來說是「負導向」，由此可知，「小我」就是使你「不快樂」的唯一原因。

不過你完全不用擔心失去「小我」會導致失去「自我」，因為「高我」也會保護你的「自我」。當你剝除「小我」，「自我」之內便只剩下一種聲音---你的內在神性---「高我」，你本身是「愛」的品質於是自然由內而外透出來。

現在我們可以聊聊怎麼聽到「高我」的聲音了，「高我」是你內在的神性，祂就是你的「存有」對你說話的聲音，你也可以直接將「高我」視為你的「存有」。只是「存有」指的是整個你，包含生生世世的你、每個維度的你、每個時空的你，所以名詞上我們獨立出一個「高我」來單純敘述「存有」的神性聲音。

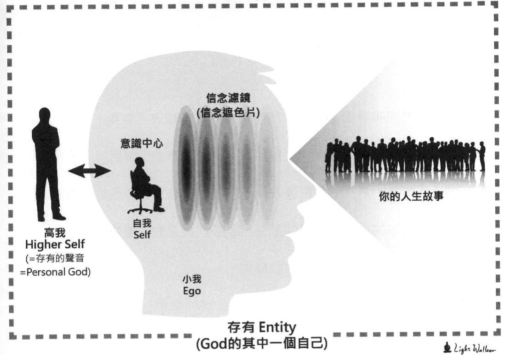

你的存有(Entity)與你的實相

信念濾鏡
(信念遮色片)

意識中心

高我
Higher Self
(=存有的聲音
=Personal God)

自我
Self

小我
Ego

你的人生故事

存有 Entity
(God的其中一個自己)

　　當你的「小我」完全靜下來，你會發現「高我」就在那裏，

從來沒有離開過你，因為祂就是看著你進行人生遊戲的那個你。

「高我」與你說話通常不會是由耳朵聽見一個誰在跟你說話的聲

音，你也不會是像乩身被靈體佔據身體，而是一個或一團「知道」掉下來，掉進你的腦子，被你感知。

當然有神通者也可能以其他超感知能力接收「高我」訊息。例如天耳通者就可能會 "直接用耳朵聽見「高我」說話"；天眼通者可能會 "透過一段影像收到「高我」訊息"。雖然並不是說你隨意接收的或幻聽幻覺的都是「高我」，而是你需要靜下心來，讓意識意念著「高我」去專心靜候。

你甚至應該去質疑你接收的到底是不是高我的聲音。高我雖不受制於你的三維個體信念，但因為你在三維實相中所看到、聽到、感知到的永遠只能是你的個體信念，所以你若了了分明自己有什麼信念，就會發現「高我」的聲音通常非你的個體信念。

這也是為何「高我」聽起來是愛與智慧本身，因為祂的聲音必然與「小我聲音」相違。直至你的「自我」完全與你的「高我

聲音」相符，那表示「小我」已經完全安靜，這便是天人合一的境界。

　　「高我」其實也可以透過任何方式為你導航，因為你就活在你的「存有」的夢裡，所以你可以在一個廣告看板上看到「高我」對你說話，也可以遇到一個讓你感覺很好的誰對你說話，你完全可以這樣認知：你所見的、所聞的、所覺知的一切都是你的「存有」，只是你在你的世界裡，用「小我」屏蔽了「高我」，所以當「小我」不再屏蔽，自然到處都可以遇見「高我」。

如果你是希望直接與「高我」對話，當你向「高我」提出詢問，你可透過靜心，把自己放空，安住「覺察」。因為你的「覺察」就如你的「神性的通道」，它可一路通到宇宙本體。只要你

「我」和「宇宙」的關係

神、造物主、宇宙萬有、上帝、如來、法性大海、源頭

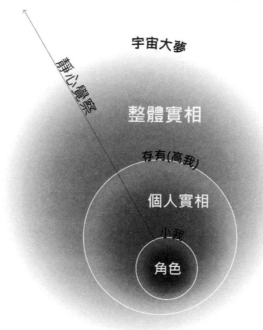

關掉「小我」，無須等待太久，「高我」會讓 "你需要知道的答案" 像 "一個知道" 直接給你。

　　有時只是一句簡短的話，有時會是一個完整的知道。「高我」的訊息，不會帶二元立場，不會帶批判，總是智慧而有力量，讓人溫暖又發人深省，感覺是「愛」在對你說話，也感覺它是宇宙本身。

本章最後，「高我」要對你說：

請去信任你的世界，

相信每個你都是來幫助你的，

相信每件事的發生都是為你準備的禮物，

因為你活在你自己裡。

你唯有這樣信任，

才能體驗到你的世界完全支持你去體驗任何你希望體驗的，

才體驗到每個你都為你所用，

否則你只會感到分離、感到匱乏、感到無助與無能為力，

感到你是孤身一人於世界搏鬥、孤身一人與每個你對抗、孤身

一人寸步難行。

親愛的，去傾聽我，我一直都在。

第十二章：真正的「出離心」

在藏傳佛教來說，真正的出離心是「出離執著的心」。你可以隨時拋棄任何你熟悉的東西，你可以走出任何你習慣的場景，然後不光是那些很世俗的事情，也包括那些你認為很神聖的事情。簡言之，拋棄我執，以及一切與我有關的執著，便是擁有「真正的出離心」。

許多人以為，「出離心」指的是出離這個世界，像是出家或厭世或追求入寂滅或……，總之就是非得遠離俗世或離開這世界不可。我想請問你，一個靈魂的自滅，和一個人的自殺，在心理狀態上有何不同？別忘了「你就生活在真正的你裡面，真正的你是你的世界，不是你的人物角色」。也就是說，無論你走到天涯海角，你的世界都與你如影隨形，因為它就是你的樣子。

好的，既然如此，那麼很明顯「出離心」並不是指你在外境上能逃到哪裡去。佛陀從來沒有說對哪件事我們「非得放」或「非得不放」，而是「不分別」。佛說的「不分別」，是要你能「拿、放」自如，不執著於「拿起」，亦不執著於「放下」。也就是說，「拿」與「放」都影響不了你，你「不分別」。所謂的「魔」與「小乘」則不是如此，佛說：「不執取捨」，魔說：「不可捨！」，小乘說：「不可取！」。佛說：「色空不二」，魔說：「只能色不能空！」，小乘說：「只能空不能色！」。小乘的境界我暫不討論，畢竟那只是佛弟子與魔對峙的過程。

魔則是「分別」與「執著」的化現。修行路上有句話：「道高一尺、魔高一丈」，不是有魔無緣無故跑來擾亂修行，而是當我們餵養了心魔，所以感召（投射）了魔來障道。心魔有時投射成內心的聲音、有時投射成一個人物、有時投射成一本書、有時投射成一段人生歷程、有時甚至投射成 "癡迷於你" 或 "你所癡迷" 的任何，並不是非得看到「魔鬼」才是魔。

144

隨著我們不斷修行、靈性提升，我們不斷剷除心中的分別、執著，於是心中更高端的分別、執著就會現前。但是你不用自己疑神疑鬼、捕風捉影，你只需要非常清楚你的內在有些什麼。因為你的一切外境皆由心生---信念顯化實相。當你修為越高，能考驗你執念的東西一定更高端，這就是為何「道高一尺、魔高一丈」。親愛的，當你遇上你的魔，不需閃躲，請無畏地迎接它，你只需永遠了然於心，不放逸，不躁進，步步清風起，一步一蓮花，帶著一身清涼從烈焰上踏過，你將會涅槃重生。

魔其實就是很執著的佛，如果我們認為一切眾生都是佛，又怎麼會唯獨「魔」不是。當我們投射魔來障道，它就是我們為自己安排的「逆增上緣」。我們能不感謝魔嗎？要不是祂化現出來，我們能看到自己的心魔嗎？請回想我們一生經歷了多少執著，面對過多少心魔？最後因過關斬將而成就了。在我們破了愛一個人的執著時；在我們破了求不得什麼的執著時；在我們破了各種心

中的執著時，我們是何等歡騰為自己慶祝著。然而我們只感激自己是如何勇猛精進，卻忘了感激這些扮演魔的每尊佛。

你應該去看，使你拿放不自在的那些執著有什麼，出離這些執著才是佛說的出離心。在這裡就要談到佛法說的「持戒」。為什麼佛陀要弟子「持戒」？佛陀訂下了基本五戒：殺、盜、淫、妄、酒。看來就像佛陀不解風情，要剝奪人生享樂。實際上是因為佛陀知道我們這些孩子一做殺、盜、淫、妄、酒，就沒完沒了地沉淪下去。

「行為」本身沒有善惡、是非、好壞的分別，而是當內心五毒犯病很痛苦時，佛陀就說：「殺、盜、淫、妄、酒這些東西會使病情加重，先停下來，咱們治病」，這就像當你肝火過旺，醫生叫你先不要吃熱性的食物，然後開藥給你退火，要吃什麼等病好了再說。切勿認為「不持戒都沒事，持了若犯戒反而有罪」---不去治病都沒事，治了若吃到熱性食物反而上火，哪有這種道理？

若不殺生我們吃什麼(吃素也殺植物呦)？ 若不偷盜我們怎有水喝？怎有果子吃？怎有石油可用？我們又用什麼蓋房子(向地球盜取)？ 若不行淫我們怎生孩子？怎得人身？ 若不妄語又怎會有善意的謊言？怎會有善巧方便？ 若不飲酒又何來把酒言歡、對酒當歌這些浪漫情懷？

佛法並不昏昧，是我們沒理解佛陀的用意。佛法「戒律」是針對我們娑婆世界而定，專門讓人類在「持戒」的過程中看到自己放不下什麼。你能不能「不殺」？你能不能「不盜」？你能不能「不淫」？你能不能「不妄（不說謊）」？你能不能「不酒（不依賴酒精或藥物麻痺自己）」？它們是否影響你？是否令你執取？因為這些東西會使人犯貪、嗔、癡、慢、疑，五毒一犯，人就容易分別、執著、妄想，這便是「戒律」被設計出來的目的。

再看菩薩六度萬行：「布施、持戒、忍辱、精進、禪定、智慧」，布施、持戒、忍辱這三項也是讓菩薩放下對世間名、利、情的執著，名利情不是不可有，而是不可"執著"，所以不執空、不執有，這是為了達到色空不二、不分別的境界，讓這些東西「不影響你」。

什麼是不影響？曾經我在一場阿彌陀佛超度法會上，主持的仁波切問在座大眾一個至今深植我心的問題：「你們應該問問自己，如果現在阿彌陀佛就在門外，你只要走出去，祂就馬上能接你去極樂世界，你們誰能現在就起身走出去？」

這是一個非常好的「出離心」問題，我後來常常問自己，幾乎想到就問，「如果就是現在？我能嗎？」。隨時檢視自己是否捲入紅塵，尤其當你幸福的時刻、歡樂的時刻、濃情蜜意的時刻、功成名就的時刻、腰纏萬貫的時刻。

出離並不是真的叫你要去赴死，而是對掛在「自我」之上的任何人事物都不抓緊，包含「自我」。隨順因緣說放就放，說拿就拿。不執取，亦不執捨，取捨自在，不分別。我很推薦大家可經常自問這個問題，不過當然不限宗教。你也可以想像是上帝要來接你、阿拉要來接你、觀世音菩薩要來接你...，「就是現在，我可以嗎?」。久而久之當幾乎所有的時候答案都是「可以！」，你會發現，你擁有失去一切都毫不在意的無畏。不過如果你說：「我現在一無所有，生不如死，所以隨時可以」，嘿！那你很適合趕快修「解脫道」，因為「自殺」是行不通的！（想自殺者，請見【自殺】章節。）

　　無論是凡人還是菩薩，佛陀的教導都是希望我們能達到不分別、不執著。這是一個什麼狀態？是大自在解脫的狀態，是隨順生命自然流動的最舒適狀態，是你要來就來、要走就走、要體驗就體驗、要消失就消失、要創造就創造、要存在就存在、不被「自我」限制、不受「自我」影響。

如果你對佛法戒律有興趣，那居士戒、菩薩戒、出家戒…等，佛法裡有很多種戒，每一種又有好多戒條。這裡我們僅以基本五戒來解說，其他就暫不討論了，皆起異曲同工之妙用。但建議如果你想持戒，不要有「害怕犯戒」的負擔。並不是因為地獄使者會審判你（沒有誰會來審判你），而是你的內疚自責會使你傷害你自己。尤其你若認為犯戒會下地獄，當你犯戒，你就真的會為自己投射地獄之境來懲罰你自己。如果你不瞭解戒律存在的慈悲意義，那「持戒」就是在作繭自縛。

　　一位內心徹底沒有分別執著的覺者，一定能非常輕鬆持好所有戒律。戒律只是提供你一種自我檢視的方式，檢視你是否能徹底出離自我（self），任何使你不自在的信念（認知、定義、判斷....），你都應當出離，這就是真正的「出離心」。

第十三章：「止觀」得用在生活上

如果你認為修禪定就只是打坐時修止觀，那麼一下坐墊，你的心性一定馬上回到散亂不堪的狀態，煩惱與痛苦一點都沒有減輕。無論密宗的「大圓滿」、「大手印」、禪宗的「止觀雙運」、《楞嚴經》的「正定」，這些法基本原理是一樣的。除了在坐墊上禪修用，也要在生活上行住坐臥用，因為人生就是道場，你哪都不用去，道場隨身攜帶。

當然，也請別再認為「修行」只是修行人的事。這些古聖先賢留下的妙法，都不是為了成立宗教用的。他們不需要信徒，他們只是想讓你明白 "你" 是誰？怎麼正確地操作 "你" ？ "你" 還有什麼特殊技能？。

什麼是「止觀」？「止觀」就是「禪定」，禪定可修「四禪八定」，可修「正定」。但四禪八定有出有入，有出入就有生滅，不究竟。如何是究竟法？就是不生不滅「涅槃境」，那是什麼境？就是無論行住坐臥，都在「正定」中，隨時隨地都處於「三摩地」。

『禪法分為五等：

(1)外道禪：帶異計（計斷計常，計生計滅），欣上厭下而修四禪八定。

(2)凡夫禪：正信因果，亦以欣上厭下而修四禪八定。

(3)小乘禪：悟我空偏真之理而修四色、四空及七方便行。就是從五停心到見道位，配合四念住修十六特勝，再配合四聖諦修十六心行而完成見道位。

(4)大乘禪：悟我法二空之理，亦修四色、四空，各種禪支，唯以悟理不同，而異於小乘。亦可修中道的空觀、唯識觀、以及法界觀、念佛觀、般若三昧等百千三昧。

(5)最上乘禪‧亦名如來清淨禪‧亦名一行三昧‧亦名真如三昧：

頓悟自心本來清淨，原無煩惱，此心即佛，畢竟無異。此即《壇

經》所說的即定即慧，即慧即定，只要能於當下的一念上除我

法二執，便能見空性，就是明心見性，雖然未登佛位，但是亦

悟眾生心就是佛心。即是中國禪宗的頓悟法門。【註】』

---摘自《禪源諸詮集都序》卷上之一

【註】：大手印、大圓滿、禪宗頓教/漸教，其實是大同小異的法，但禪宗依

根器不同可能需選擇頓教或漸教。

[見性成佛]：舉例來說，水因為冰凍而結成冰，呈現出各種樣貌，但無論它

是什麼樣貌，它的本質都是水。空性因無明妄動而生成各種煩惱，但無論它

是什麼煩惱，它的本質都是空。

[頓教]：止觀頓悟，直指人心，見性成佛。當你遇到每件事都能直接看到本

質是「空性」，方 "止" 便悟---立即知道一切是空性，身、心、境皆空，自

然沒有煩惱，這是頓教法門。

153

[漸教]：如果某些煩惱即使你透過進行「止觀」，生成它的信念還是繼續在起作用，經常投射出令人煩惱的外境，那就去照見生成它的信念，把對該信念的分別心破掉，這個煩惱於你就不是煩惱，而是「空性」。久而久之，因為每次擦完鏡子上的髒污都看到「空」，於是不再需要一個一個擦，便從「時時勤拂拭」證入「本來無一物」， 這是漸教法門。

此即是「頓教：菩提本無樹，明鏡亦非台，本來無一物，何處惹塵埃」和「漸教：身如菩提樹，心如明鏡台，時時勤拂拭，勿使惹塵埃」兩者的差別。

　　所以《楞嚴經》中指的「正定」與《壇經》的止觀雙運，同密宗的「大手印」與「大圓滿」，即是最上乘禪。打坐練「止觀（禪定）」可以體會掉入「空性」---證悟空性。我知道不是每個人都對證悟空性感興趣，不過當一個人在生活中總是妄念紛飛，無法於生活中得定，就需要透過 "打坐練「止觀」" 這個手段，先將萬緣放下，專心修定。

我們的「念頭」不僅"動"慣了，而且根本隨時都在動，幾乎沒體會過"靜"是什麼，所以需要先打坐練出"靜"的習慣。太極陰陽，陰為「靜」，陽為「動」，陰陽若要達到平衡，你至少要先體會「靜」是什麼。

　　首先，我們需認識什麼是「覺察」：

　　覺察 (Mindfulness) 是一種心理過程，目的是在沒有判斷的情況下有意識地將注意力轉移到當前發生的經驗上，能以冥想和其他訓練發展而成。覺察源自於念、禪、觀和藏傳冥想技巧。佛法中敘述覺察即是你生命中那個不生不滅的東西，《楞嚴經》中有一段佛陀答波斯匿王疑問的故事，講述了這生命中不生不滅的東西，即是觀恆河的「見性」。

在此白話講述《楞嚴經》中這段故事：

　『 *佛陀問：「大王，你現在多大歲數？」*

　王回答：「六十二歲了！」

佛又問：「大王，那你從出生到現在，總共看過幾次恆河呢？」

王回答：「第一次是在三歲的時候，以後還看過很多次。」

佛又問：「請問大王，你從三歲時到六十二歲，身體老了，皮膚皺了，但是能看恆河水這念能知能覺的心有變老，有變皺嗎？」

波斯匿王沈思了一會兒，說：「沒有！能看恆河的這念心，沒有變老，也沒有變皺。」

佛說：「會變老變皺的就是生滅的有為法。不會變皺變老不就是不生滅嗎？」

波斯匿王一聽恍然大悟，便說：「對啊！這個心就是不生不滅，我還有什麼不明白的呢！」』

以現代人好理解的話來說，覺察即是那個看著自己活動的「　」。它就像一個攝像頭，在全息拍攝你的人生。它只存在於當下，它不是你錄攝的內容，而是那個拍攝。你可以現在閉上眼回想一些過去的回憶畫面（甚至不閉上眼也行），這就是你在腦海中回播「覺察」幫你拍攝下來的畫面，這也是為何有人

說死前會忽然快速回播一生的畫面，那都是覺察幫你拍攝下來的。不過它比攝像頭厲害，因為它的錄攝內容還包含各種覺受。

然而覺察並不在回憶裡，回憶裡只有畫面和覺受，就像攝像頭並不在電影裡是一樣的道理。而那個真正不生不滅的我們；不生不滅的佛性；不生不滅的真心，就是這攝像頭，這玩意兒就是神，就是真正的你。

OK 太棒了，相信看到這裡你已經知道什麼叫"明心見性"了，就是覺察到你的「覺察」。認識「覺察」後，現在我們可以開始練習「正定」了。

-正定：打坐練「止觀」（禪定）

- **觀**：覺察，專注於所緣境，將意識安住如鹿王看護鹿群吃草時各種感官警覺的狀態，又如弟子向上師發問，上師未開口前，弟子安心等待答覆時的狀態，類似攝影機在拍攝時一直等待著繼續拍攝的狀態。靜「觀」著各種念頭和對外境的認知飄過去。

- **止**：當「觀」時出現任何所緣境，不跟隨境做解釋、不著一切相、不追生妄念，不對外境下任何定義、不起認知，連本能反應都不予理會。若生出念頭不跟隨就好，不需起一個叫自己"不要跟隨"的念頭。

- **止觀雙運**：止觀相續直至能聞與所聞盡，能覺與所覺空，能所雙亡、根塵脫落，實際體驗到「無我」，落入法性大海（阿賴耶），證悟空性。完全落入法性大海再回來，有時可能僅僅一兩個小時，有時可能好幾天甚至數月數年。

依定力功夫深淺而不同，因為「無我」中沒有念頭，連「我」都不存在，所以若座上這個「我」方欲生念，念頭都還未出，就會被彈出來。在此提醒落入時會如你的人生電影忽然斷片，進入一個完全沒有聲音、沒有時空、沒有念頭、沒有感知覺受、沒有自己（感知不到自己是任何誰）、沒有任何的全白畫面，只剩覺察拍攝著，第一次經歷的人很可能會因為驚愕而欲生念頭就被彈出。知見證悟之「慧解脫阿羅漢」可透過禪定證悟空性而證「俱解脫阿羅漢」【註】。

【註】：知見證悟之阿羅漢，稱「慧解脫阿羅漢」，若再透過禪定證悟空性，則稱「俱解脫阿羅漢」。佛法中開悟證初果阿羅漢---斯陀含，完全斷除見思惑中的思惑而證得「四果阿羅漢」---「慧解脫」。「慧解脫」及「俱解脫」皆已證得「有餘涅槃界」，得「漏盡通」、捨報後入「無餘涅槃界」，不受後有。意思是：已解脫，此生死後可入寂滅，不用再來了。

◆ **止觀的其他應用：**

1. 修止不修觀：入「無想定」，無「觀」或因昏沉而失「觀」，僅一念不生，即禪宗所言「冷水泡石頭」，不建議這樣修，佛說追求這樣的禪定死後容易投生「無想天」，一念不生但壽命極長，如石頭般存在，且終會有退定而墮回的一天，所以不是解脫。

2. 修觀不修止：先止而後觀，後依「十六特勝觀」入四禪八定，可入各種定境，見多維實相，在本冊不多做解說。透過意識進行靈療，或遊歷各界，或進入各界工作，即是由此種定境入。

引述「奧修蛻變卡- 01.無念」的內容：

『**無念**

沒有頭腦是一種神聖的狀態。神並不是一個思想，而是一種無

思想的經驗。它並不是頭腦裏的內容物，它是頭腦裏沒有內容

物時的爆發狀態。它並不是一個你可以看到的客體，它是那個

去看的能力。它並不是那個可以被看到的，而是那個看者。它

並不像聚集在天空中的雲，而是當沒有雲時的天空。

當意識沒有走向任何外在的客體，當沒有什麼東西要看，也沒

有什麼事要想，只是純粹的空，那麼一個人就會掉進他自己。

沒有什麼地方要去---一個人就只是放鬆下來，進入到自己的

源頭，那個源頭就是神。

你內在的存在只不過是內在的天空。天空是空的，但就是那個

空的天空容納著一切---整個存在、太陽、月亮、星星、地球，

以及所有的行星。就是空的天空給予一切的存在空間，就是空

的空間形成了一切存在的基礎。東西來來去去，但是天空仍然保持一樣。

完全同樣地，你有一個內在的天空，它也是空的。雲來來去去，星球誕生之後消失，星星產生，然後死掉，內在的天空仍然保持一樣，沒有被碰觸到，沒有被玷污，也沒有被刮傷。我們稱那個內在的天空為「沙克辛」---觀照，那是靜心的整個目標。

進入到內在，享受那個內在的天空。記住，任何你能夠看到的，你都不是它。你可以看到思想，那麼你就不是思想；你可以看到你的感覺，那麼你就不是那個感覺；你可以看到你的夢、慾望、記憶、想像、和投射，那麼你就不是那些。繼續去除一切你所能看到的。然後某一天就會有一個很棒的片刻來臨，那是一個人的生命中最有意義的片刻，到了那個時候已經沒有任何東西可以被拒絕。 所有被看到的都消失了，只有那個看者存在。那個看者就是空的天空。

知道它就是成為無懼的，知道它就是成為充滿愛的，知道它就

是成為神，成為不朽的。』

　　奧修蛻變卡的「無念」，就是「止觀」相續，直至根塵脫落、

能所雙忘，最後掉進「阿賴耶」的整個過程。但要特別提醒的是，

無念不是進入一種無念的狀態，而是成為那個「無念」本身。在

這裡「無念」不是一個形容詞，而是一個名詞。

　　當一個 ﹁人﹂ 掉進「阿賴耶」證入「圓覺」，入於神通大光

明藏，回到世上，他可能會開啟種種神通，也就是高端的 ESP(超

感官知覺 Extra-sensory perception)。不過神通（ESP）未必

要經過悟入「圓覺」才可開啟，我們透過擴展感知力與突破人類

認知（修觀不修止），也能漸漸鍛鍊出一些神通（ESP）。

ESP 其實是人類物種進化的必經，如果你聽過高等外星文明是使用意念駕駛飛船、透過星光體出遊去各個星系，那就別再覺得人類不應該學習神通，連埃及金字塔中都有個類似棺槨的構造物，是為方便法老能星光體出遊而設計，所以當今人類面對神通（ESP）實在不需裹足不前。（本冊暫不詳述 ESP，若因緣俱足，未來再另冊撰述。）

　　好的，現在假設你對於在坐墊上練「止觀」已有初步體會，（即使尚未證悟---掉進「空性」），那麼日常生活中只要稍微對「定力」有感覺，便可開始試著把「安住覺察」的功夫搬到行住坐臥中使用了。因為我們無法逃避生活，總不能只在坐墊上得定，生活中卻任自己散亂，所以打坐其實只是練習安住的一個手段，真正的安住功夫應該要搬到生活上用。

　　如果你的「小我」常常會拉跑你，讓你無法安住在「覺察」上---得定，你就非常需要先在坐墊上鍛鍊「定力」，其實幾乎每

位不曾經過鍛鍊的玩家，念頭都很散亂。等稍有「定力」，請開始練習在生活中修「止觀」。

　　「念頭（意識）」是你用來駕駛「你的人物角色」的工具，如果你很散亂，不會駕駛「念頭」，你的人生遊戲一定會玩的很爛。《六祖壇經》：「外離相即禪，內不亂即定，外禪內定，是為禪定」、「若見諸境心不亂者，是真定也」、「何名坐禪？此法門中，無障無礙，外於一切善惡境界，心念不起，名為坐，內見自性不動，名為禪。」如此在行住坐臥間都修禪定，就叫做**「動中禪」**。

-在生活中練「止觀」（動中禪）

◆ **觀：**使用觀察者視角，用 "長景深" 觀著一切所緣外境。

　　「觀！」那個你對情境的「解釋」，只是觀著，如如不動，靜候待發，但懸而未決。

　　覺察的畫面，就如一個長景深（大景深）廣角攝像頭，一個沒有情緒也沒有想法、單純覺照一切的攝像頭。何謂長景深？就是當我們眼睛沒有對焦任何一個主體，便不會只有對焦物清楚，周圍模糊（淺景深），而是全部物體無論遠近都清楚，也就是所有畫面一覽無遺、清晰盡收眼底的感覺。你可以試試當肉眼不對焦任何物體，是不是視野變得更寬廣，大約是 180°的廣角清晰畫面，所以當我們讓肉眼模擬這樣的攝像頭，會有種往後退到覺察位置的感覺，另一方面，可

以讓你的感受離眼前劇情遠一點，避免太深入劇情。需要這麼練習是因為，如果你要成為它，你暫時就先把自己當作它。幫助自己記得真正的你是那個「覺察」，不是你的人物角色。

◆ <u>止</u>：不解釋、不定義、不跟隨外境，讓一切如浮雲般飄過。

「<u>止</u>！」不去跟隨，不去延伸，不繼續產生解釋。也就是看著觸動你的「信念刀子」，停止自捅，也不試著捅人，拔起來，摧壞它（觀空它）---停用那個「解釋」，讓「解釋」脫落。

當人生故事觸動你，讓你快要生出糟糕情緒時，馬上提醒自己：「我只能看到我信念的投射，我不需要讓情緒不斷地追出去，繼而產生一堆糟糕情緒或念頭」。莫忘記<u>莊子</u>的「空船故事」，它就是艘空船漂過來撞上你了，你瞎火什麼？

所謂的「觸動」，舉例來說：當你急著買個什麼結帳隊伍卻大排長龍時；當有人超你車時；當有人指責你時；當你覺得什麼很可惡時；當你被什麼影響而感到受傷時；當你對什麼看不下去時；當你覺得自己很對而那個誰很錯時。簡言之，就是當“你感覺被批判”或“你想批判”時，你的分別心就被“觸動”了，這意味著你撿起了信念小屋中的刀子，不是在自捅；就是想捅人。這種時候，便是所謂“人生故事觸動你時”。

◆ **止觀雙運**：止觀相續直至根塵脫落。

根	眼根、耳根、鼻根、舌根、身根、意根	感知
塵	色塵、身塵、香塵、味塵、觸塵、法塵	緣境
識	眼識、耳識、鼻識、舌識、身識、意識	解釋

　　止觀相續操作，識止而根塵脫落。根：六根（感知）；塵：六塵（緣境）；識：六識（解釋）。「感知」與「緣境」之間透過「解釋」建立起關聯，所以「止」就是摧壞這個關聯，不對緣境產生「解釋」，同時也去「觀」那個已經「解釋」的。當信念不使用，六識便不起作用，於是六根（感知）與六塵（緣境）皆脫落，這便是「根塵脫落」。---根、塵、識三者同時發生作用，根塵相對而識生其中，識止而根塵脫落。

169

止觀雙運 - 止觀相續直至根塵脫落

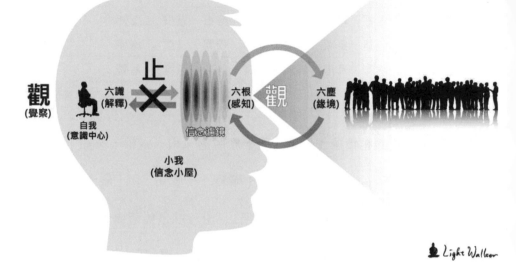

觀
(覺察)

六識
(解釋)

止

六根
(感知)

觀見

六塵
(緣境)

自我
(意識中心)

信念濾鏡

小我
(信念小屋)

Light Walker

　　當你退到「覺察」去看你的人生電影，電影中你自己的人物角色正在和他人角色互動著，無論他人角色是在怒罵你的角色，還是對你的角色說著尖酸刻薄的話，看著，看清楚是什麼刀子在捅你，將它摧壞。如果你沒有當場摧壞它們的能力，你可以在劇情平靜後，再進行劇情重播去內觀，把那些刀子翻出來，一一摧壞。怎麼摧壞？ 照見「信念」，不去

使用，這便是摧壞。(關於各種「信念」，請參閱【顯化】這一章節。)

善用「止觀」在生活中「動中禪」，從此人生電影的劇情不再影響正 "觀" 電影的你，因為你是那個「拍攝」、那個「觀」、那個「覺察」。定力逐漸穩固後，你的念頭不再散亂，順便也清除了許多讓你不舒服的信念及打破與他人相處的舊模式，於是你的人生會倍感自在，痛苦煩惱大幅減少。不過請注意，駕駛交通工具時，為行車安全，建議沒發生什麼事就暫不練習「止觀」，以免你忽然對外境解釋脫落了，眼前故事有可能會直接斷片喔！

從今而後，你習得這個方法可以不再受劇情影響而念頭亂噴。雖然你在遊戲中仍然可以選擇盡情深入你的人物去體驗遊戲的情境，像是那些美好的膚觸、壯麗的景緻、心曠神怡的香氣、美味的佳餚...，是的，你當然可以，否則你活著幹什麼？我們只是不希望這個遊戲讓你痛苦而已。安住在「覺察」，讓你的人物角色

能從容去應對各種不 OK 的情況。由於你的心是平靜的、是安定的，我相信這時你一定能選擇出最好的動念，去操作你的人物，這就你---玩家，進行「人生遊戲」時應該注意的人物操作方式。

-用生活「開悟」

接下來要告訴你怎麼用「止觀」在生活中「開悟」，也就是真正享受高幸福指數的遊戲，不要小看這一步，因為這意味著你可證得小乘的初果阿羅漢或大乘的初地菩薩【註】，已有自己斷煩惱（破分別、執著）的能力，這便是「開悟」的美妙之處。

【註】：大乘要視其是否發起慈悲心，行菩薩道。

首先你需要帶著「正知見」---佛說「一切眾生皆是佛，若見諸相非相，即見如來」，或者耶穌基督說：「聖父（上帝）、聖靈（靈）、聖子（人），三位一體」，或者 NewAge：「真實的你其實是宇宙本體，我們所有人是一體的，我們都是神」，你喜歡哪種說法都可以，反正它們都在說同一件事。盡量契入這個「知見」生活，然後，用「止觀」維持動中禪，依「實相是由信念顯化」

這個唯一線索，在生活中 "證得" 這個「知見」，那便是「開悟」了。

請你在生活中不斷提醒自己，每當故事觸動你時（小我不舒服），記得就直接從「這個故事要讓我看到我有什麼信念」的層面去看。然後越常這樣，就越發現每個人都在配合你，演出你所需要面對的，像是你的恐懼、你的匱乏、你的分別執著、你的陰暗面、你的各種認知定義（你覺得什麼才是應該的，什麼是不應該的），而他人是如此巧妙的配合著你，同時你也在巧妙地配合著他人。

每當故事觸動你時，請於事件當下馬上「回看信念」，這麼做有兩個好處，一是可以「不被境轉」---轉移注意力，避免使用慣性思維方式去處理「對境」，導致情緒接二連三地繼續奔流出去。二是可以「立即回照信念」---被事件觸動（產生不舒服感）的當下，表示你正在使用這個信念去翻譯你的對境（觸動你的「分別

174

念」），所以你能更直覺地看到那個關於它的信念（分別念）是什麼。這也有助於鍛鍊你看懂信念是怎麼為你生成故事，並更熟悉如何使用信念或該拋棄哪些信念。

　　檢視你的小屋，去認清楚是哪些刀子在捅你、哪些刀子讓你一再產生相似的感受、哪些刀子為你不斷投射重覆的劇情。一旦看到刀子，催壞它！（---即是破分別、執著）。你越是這麼做，你越會開始感謝那將刀子從你的小屋撿遞給你要你自捅的角色們，他們每個人就像天使一般，輪番上陣用刀子對著你。穩住！這將是一番必須要有極大決心的大掃除。

　　於此同時，你也漸漸會發現，你的人物角色有許多莫名時候的所作所為，也在配合著他人的信念演出（過去的經歷也可拿來體悟）。如是久而久之（多久就看你的悟性了），就越來越強烈能感受到「我們真的是一體的」。所有你的世界的人物與你一體，而所有帳號又共用同一個母體資料庫，你自己的人物就像是其中一

個提線木偶，他人也都是提線木偶。而上帝、宇宙萬有、如來....
是那個提線的「 」。每個角色都是上帝為了體驗自己所放進木偶
戲裡的木偶（提線者＝上帝、線＝靈、木偶＝人），一切沒有善惡
是非對錯，大家都是「假有」，都因彼此的信念互相配合著演出劇
情，體驗著彼此的 "實相存在"（木偶戲）。 Oh God！，是的，
你真的見到 God 了，也就是說，見諸相非相，你見「如來」了、
你體會到「三位一體」了。

發現了嗎？你的世界是如此愛你，你就生活在你自己(上帝、
如來、宇宙、空性...) 的裡面，用一切配合著你這個 "假有角色"
的故事愛著你，而真正的你就是「愛」本身。「天人合一、三位一
體」於是達成；「小我」屏蔽於是瓦解。

不過我想慎重提醒你的是，在這 "到達「開悟」" 的過程，
「小我」會感到非常不舒服，而你一直以來都將「自我」認成你，

所以當你要拋棄「小我」，不再認「自我」為真，會使「小我」非常痛苦。

　　許多「小我」一直想拿來證明「自我」是真實存在的東西，「小我」都會緊抓不放，這些東西大致上來說可被歸納為「名、利、情」三種。像是社會地位認知、尊嚴認知、私人利益認知、人身安全認知、情感需求認知、歸屬感認知，這些認知都是要逐步拆除的。拆除不表示你會像個白癡一樣不知道怎麼生活，而是你不再受這些認知制約，你反而會得到全身心的大自在。

　　以「社會地位認知、尊嚴認知」來看，「開悟」將會是一種毫不在意他人眼光和價值觀的自在，就算在社會上一無是處也不在意。也許有人會說，那乞丐不就毫不在意他人眼光和價值觀，一無是處也不在意？嗯，那你要看他是真的不在意，還是他也迫於無奈。如果真的毫不在意，那就真的至少在尊嚴與社會地位上很自在。

以「私人利益認知」來看，「開悟」因為達到一種沒有小我囉嗦的狀態，所以小我的好惡（貪瞋）自然會拋諸腦後，他的行為通常會盡量符合所有人的最高利益。這是一種再也沒有什麼「自己擁有的」是需要努力去捍衛的自在。

也許有人會說，那拋家棄子的人不就都沒有捍衛自己的家人？這就看他是否是為了所有人的最高利益而拋家棄子。如果他只是逃避責任、傷害家人，那也只是捍衛"自己"的自私，並非"沒有自己"的自在。

以「人身安全認知」來看，「開悟」將會是一種連死都不在意的自在，也許有人會說，那自殺者不就連死都不在意，不是的，想自殺的人怕「活著」。開悟的自在是置生死於度外，死或活都不在意，所以「無畏」的自在。

以「情感需求認知、歸屬感認知」來看,「開悟」將會是一種即使所有人都誤解他或無法了解他都不在意的自在,也許有人會說,那變態殺人魔就完全不管是否有人了解他?噢,正好相反,他之所以做出變態殺人行徑,正是對「沒有人愛他、沒有人了解他」的控訴。真正的不在意,是就算全世界都背離,他仍能安住在如如不動的真心上,以「同體大悲」去看待所有人事物。

　　這從來不是一個輕鬆的過程,所以大部分人寧可讓「小我」的「貪、瞋、癡、慢、疑」到處牽著跑,但「小我」這些毛病就是令人陷入「無明」的罪魁禍首。人因「無明」而痛苦煩惱,如果你真心想從痛苦煩惱中解脫出來,那就狠下心開始拋棄「小我」。

　　然後,請不用擔心當你真的什麼都不在意時,你會成為一個一無所有的廢物。這宇宙有個神奇的道理,那就是「握緊拳頭,手裡什麼都沒有;放開拳頭,反而抓到了全世界」。這句話一點不

假，「毫不在意」最棒的部分，就是你對人生會再也沒有「恐懼」。

（如果你對 "失去" 感到不安，推薦你閱讀【匱乏】這一章節。）

最後我要再次提醒你，你的世界的他人並不是沒有「覺察」的假人。他人背後的真相跟你一樣，你們都是玩家。一個玩家都有 N 個帳號，一個帳號又有多個維度的角色，一個角色又有多個平行時空版本的人物。

你現在看到的自己（人物）只是你的其中一個平行時空的版本，目前你可能還感知不到其他版本或其他維度的你，因為那些你在不同平行宇宙和不同維度中，這端看你的 ESP 程度而決定你是否有一天能感知到它們。

而你眼前的他人，也是他背後玩家的其中一個版本的自己，所以這些他人也跟你一樣是有感知、有覺察，千萬不要認為他人都是假人，直接隨意砍殺沒關係，每一個他人都是你。你在你的

平行時空創造你的版本的他人，所有玩家在意識層面共同建構這個宇宙實相，我們每個存有既是玩著單機遊戲、又是玩著連線遊戲。

所以如果你深入觀察你與他人的互動、他人與他人的互動，你會逐漸 "確認" 你所能感知到的一切只是用信念所建立的，每個人互相搭配著對方的信念在演出。你彷彿看到了每個人都是提線木偶，每個木偶都是你，你是你的宇宙，你不是你這個木偶，一切的二元對立都有其存在的意義與目的，而你就如同你的宇宙的上帝，在世界之巔看著木偶們相互依存、共譜樂章。

以上就是用「覺察生活」去證得一體性(萬法中見空性)的方法，從此你會堅固地建立起「非二元覺知」，並自然而然升起同體大悲心，也就是成為無條件、無分別的愛本身。至此我相信你將再也不想傷害任何其他角色，因為你是愛，你知道眼前的一切都是你，於是你無法不愛你世界中的一切。當你眼中無處不是愛，

你對愛的匱乏感會徹底消失，自然而然便開始分享你的愛，於是豐盛的心就開始顯化豐盛的外境。

「是的，你開悟了！」。所以說生活即道場，就看你知不知道怎麼生活。這款遊戲若能進行到此，你至少已證得佛法中的初果阿羅漢或初地菩薩，只要你能一直保任住「非二元覺知」- 包含無我、無分別、一體性，那麼當你持續不斷將分別、執著破盡，你會得解脫，得大自在。如果你不喜歡聽佛話，那我換現代話說：「恭喜你已考到遊戲駕照，成為自在的遊戲玩家，不過新手上路請小心駕駛呦！」

-整理：如何在生活中「開悟」

1. 觀一切如夢幻泡影、如遊戲、如電影，每個人都是神、都是佛、都是菩薩、都是天使。

2. 相信是信念為你產生了一切實相，找到使你生活成為現在這模樣的信念，不想再使用的信念可順便丟掉不再使用。

3. 於看到信念的同時你也能更明白所有人真的在配合你信念演出，並且他們也在搭配彼此的信念演出。

4. 久而久之你會發現事情沒有是非對錯，沒有什麼是應該如何，一切都是由你信念投射，於是你知道你對自己的故事需完全負責，也於是你知道你對自己的故事（遊戲）其實有完全的掌控能力。

5. 你會知道故事中有人演出恐怖大魔王、有人演出可愛小天使、有人演出你的至愛、有人演出你的仇敵，所有演員都非常盡責，配合著彼此的信念，深入劇情與你對戲，就如原本的你一樣深入。而你看到了他們的本來面貌，他們背後都是跟你一樣的存有，所有存有全都在同一張宇宙的大床上做著夢，夢見我們是一個 "人" 或什麼的。

6. 擁有非二元覺知，也就是無我、無分別、一體性---「開悟」。記得保任啊！

-整理：三位一體的各家說法

	認識	體驗	存在
基督教	聖父（上帝）	聖子（耶穌）	聖靈（靈）
奇蹟課程	聖父	聖子	聖靈
與神對話	聖父	聖子	聖靈
賽斯	神	自我	內我、存有
佛法	佛	僧	法
道家	玉清：元始天尊（道）	上清：靈寶天尊（師）	太清：道德天尊（經）
伊斯蘭	阿拉真主	穆罕默德	古蘭經
中國文化	天（上蒼）	人	地（萬物）
物理學	能量	物質	乙太
心理學	超意識	意識	潛意識
靈學	心智	肉體	靈魂
時間	過去	現在	未來
空間	這裡	之間	那裏

第十四章：破解「苦」

　　佛為何說娑婆世界是極苦之地，又說人生有八苦：「生、老、病、死、愛別離、怨憎會、求不得、五陰熾盛」，好像佛陀很煞風景，人生美好的那一面竟都不提。其實，三千多年前印度政權編造「宿命論」，施行不平等的「種姓制度」。人民因「權貴世世代代皆是權貴，奴隸世世代代只能為奴」，而對生命感到痛苦絕望。佛陀應機施教，教人離苦得樂，所以說"極苦"也是理所當然。不過反觀現在你既不是奴隸、也沒有被迫一輩子翻不了身，所以請不用給人生貼著「苦」標籤好嗎？

　　佛陀在一轉法輪時對「小乘」說「苦集滅道」，二轉法輪時對大乘說《般若波羅密多心經》，文中直接來一句「無苦集滅道」，是否有看出什麼端倪？很明顯它是在告訴你，當你證入空性，八苦都將不復存在。

人生八苦網路上可搜到許多說明，這裡不再贅述它意指什麼，但我希望你無須對「八苦」的各種介紹心有戚戚，因為當年佛說「苦聖諦」單純是勸世文，勸什麼？勸出離的。並不是說佛陀教法已於現代不合時宜，而是如果你學佛沒學《法華經》，你不會知道他老人家要入涅槃前，自己在法華會上大翻盤。

《妙法蓮華經》可以說是佛法的終極奧義，全篇如同「如來降世示現成佛並說法 49 年大長篇電影」的幕後花絮，列出七喻（三界火宅喻、三乘三車喻、長者窮子喻、草木一雨喻、衣內明珠喻、髻中寶珠喻、良醫救子喻），告訴會中大眾，所有人都是佛（就像「嬰兒和成人都是 "人"」一樣）。佛陀宣說這些年來自己的善意欺騙，怎麼騙的、為什麼這麼騙，大弟子們分別發言讚嘆佛陀的劇本精采絕倫。接著佛陀再解釋劇中演員扮演這些角色的緣由及目的，也感謝所有角色包含大反派也是完美演出。雖然反派還得先下地獄受報，但一樣為他授記得獎（成佛）。然後

友情客串的大菩薩們發表一些讚嘆感謝詞，同時宣說祂們將持續提供贊助。最後列出所有演員名單，包含所有觀眾，人人有獎，全部授記（成佛）。全文十分精采，推薦有學過佛法但沒學過法華的人都務必要看懂法華，如果最後沒有拍這部電影幕後花絮，佛弟子將永遠不會知道佛陀這 49 年是來地球演大戲的。

　　小乘弟子原本日子過得太苦了，換言之，就是遊戲品質糟透了。因為差勁的遊戲代理商讓他們以為自己在遊戲中永遠無法升級、永遠無法拿到寶物、永遠只能被欺壓，所以他們根本不想做玩家。這時有個超級玩家-佛陀要來教導他們如何成為超級玩家，但他們完全沒興趣，因為他們認定「老子不玩了！」才是他們最想要的。

　　超級玩家不忍心看他們玩得這麼辛苦，所以說「對，真的很苦，三界遊戲一點都不好玩，只有苦，沒別的了。我來教你們怎麼不玩吧！」，於是他們各個精神抖擻地瘋狂學習怎麼不用繼續

玩遊戲（刪人物角色），但其實「玩家（存有）」是永遠存在的，頂多只能讓玩家的帳號成為無用空帳號，便能不再受身。

佛陀教導小乘弟子怎麼刪角色，以及真正能讓角色得自在解脫的知見。當他們開開心心學到怎麼刪角色時，佛陀才告訴他們，「其實啊，眼前的實相就是如來，真正的涅槃並沒有出入，涅槃現在就在你們眼前，就是這個不生不滅恆常存在的覺察。你們可以不用刪角色，你們個個都跟我一樣是佛。現在只要轉 "大乘" 繼續練等級，就能成為超級玩家。」這時弟子們才從自己衣服暗袋裡，摸到這顆價值連城的明珠，「啊！原來這麼貴重的珍寶一直都在我身上！」

佛陀親自揭穿了這個真相，這是真的，我們每個人真的都可以成為超級玩家。雖然眼前你也許最關心的是怎麼脫離無奈人生，但當你證得「一切諸法皆是空性，煩惱即菩提，生死即涅槃」，那麼「脫離無奈人生」就會像副作用一樣美好地發生。

所以「修行」從來不是專為不想理世間事的人們設計的宗教活動，而是真正能讓你舒舒服服暢遊人生的無價珍寶。如果你還在認為，「我每天為生活忙得苦不堪言，哪有時間修行？」，那就像我告訴你「嘿，你衣服暗袋裡有顆價值連城的明珠，你快找找！」結果你說：「我每天為生活忙得苦不堪言，哪有時間找什麼明珠」。噢，這真是快把諸佛菩薩都急哭了！

請不要再試圖單從外境上解決問題，因為外境是由心而生。本章特別談到《妙法蓮華經》，是因為「苦」不只是佛教特有的，基督教基本教義派也說人有「原罪」。部分新教神學家也認為，人是有「原罪」和「罪性」的，原罪的存在將人類和上帝隔絕，使人類終生受苦，不得解脫。

但其實哪有"原罪"，人們只是在投胎時自己帶了一堆累世的"負罪感"來，所以感覺有"原罪"。萬幸佛陀在入涅槃前還

說了法華·佛法因此有跡可循。於是我們知道了自己本來就是佛，只是披了一身乞丐衣，滿心不配得感，才窮到飢不擇食、慌不擇路。

要如何活出原來的〝佛〞樣呢？或者你要說〝神〞樣也可以。希望你從今而後能瞭解，所有的「苦感」只是神送給你的警訊：「你已偏離航道，你該將自己朝〝神〞校準囉！」。但不知道的人，只是一再試圖逃避苦感，反而越躲越苦，緣木求魚。

「苦」在梵文(duḥkha)原意是「不安的」、「心神不寧的」，描述「痛苦」、「悲傷」、「焦慮」、「不滿」、「沮喪」...等感情。如果你聽過「宇宙的本質是愛」或「神是愛」，那就會理解，朝〝神〞校準是一種「靠近愛」的感覺，而偏離航道就是「遠離愛」的感覺。

當你「靠近愛」時，你會感到興奮、喜悅、美好、振作、激動、接納、熱情、勇氣。當你「遠離愛」時，你會感到焦慮、悲傷、痛苦、沮喪、恐慌、抗拒、冷漠、膽怯。有看出「苦」真正的作用了嗎？它決不是讓你一直自怨自艾用的，它是一種從靈魂發出的通知。

「苦感」是一種「業力」的體現，「業力」是提供校準的導航（這裡的「業力」泛指令人不舒服的「惡業」）。在此順帶一提，「樂感」則是「願力」的體現。而緣分是「業力」與「願力」的組合結果，人們去分別它們給人帶來的感覺是舒服還是不舒服，所以使人舒服的部分我們稱之「願力」，使人不舒服的則稱之「業力」，但實際上兩者的成分都是信念，並無二致。

例如我們說當菩薩發起一個良善的信念，叫做「發大願」而不是「發大業」，但發願就是在起心動念，願發下去就有故事，

故事就是由信念顯化。總之無論你使用的「信念」使你舒服還是不舒服，苦感與樂感的 "感受" 都是導航。

所以巴夏說：「跟隨你的最高興奮」就是在說這件事。"最高興奮" 就是願力的體現，它是「靠近愛」的感覺，也就是你應該要總是對準的感覺。而每當你對某件事出現 "煩惱痛苦" 時，也就是出現「遠離愛」的感覺，這表示你需要校準了，你在那件事上的「信念」是有問題的，請記得你該處理的是那個「信念」，而不是那件事！

拜託請停下將「意識」往外境奔的慣性，別忘了你是駕駛「意識」的存有。就像你開的飛機要撞山了，你應該搞定「怎麼駕駛」，而不是責罵山怎麼在那，或直接怒氣沖沖地撞上去。佛說：「一切眾生，皆具如來智慧德相，但因妄想執著，不能證得」。所以你該知道，煩惱與痛苦是你的「執著、分別、妄想」所造成。不是誰在迫害你或誰害你痛苦傷心，不是環境所逼，也不是你的命

193

運就該這麼悲慘。對境中的每個 "有緣人"，只是在配合你的「業力與願力---信念」演出，讓你可以真實看到業力與願力的 "實相"，於是你就能挑除令你「遠離愛」的信念，選擇令你「靠近愛」的信念，漸漸活成神--你本來面貌。

　　相信苦口婆心說到這裡，你已經不排斥「苦感」了，停止排斥它是一個很好的開始，因為如此你才可不受它影響，冷靜下來專心處理「信念」。就像你開的飛機警鈴大作，你需要冷靜搞定「怎麼駕駛」，而不是一直受警鈴干擾而陷入恐慌。現在請你練習下一章節【離苦得樂】的技巧，這有助於收到「苦感」通知時，你不會陷入自怨自艾的錯誤循環。

第十五章：離苦得樂

　　從現在開始，我希望你能建立起「生、老、病、死、愛別離、怨憎會、求不得、五陰熾盛」只是生命自然的 "緣分" 現象，人們因為對 "緣聚緣散" 產生執著所以才感到「痛苦」。請把它們與「苦」脫鉤，它們並不是「苦」的象徵物。先這樣認知，然後我們再來輕鬆的談「離苦得樂」。

-『離苦』

　　你需要從痛苦和煩惱中 "解脫" 出來，而不是只逃離令你痛苦的外境。有的人把「人生很苦」這個信念撿起來用了一輩子，建立了一個無聊的自我束縛，好像不苦就不像人生，所以總是將

意識聚焦在可以令他感到 "苦" 的事情上，這麼做就如同在向宇宙下訂單，請給我更多 "苦" 讓我享用。

苦其實都伴隨樂而來，如果你仔細觀察苦的來處，會發現往往是因失去快樂而感到痛苦。也就是說，在我們經歷一個令我們痛苦的事件時，原本我們是快樂的。我們甚至因為經歷了痛苦的事而使過去平凡無奇的生活瞬間認知成是快樂的。例如很多人長大後，就回頭說做孩子真幸福，但我敢肯定他們當年做孩子時根本不知道自己正幸福著。

所以苦與樂只是一種經過比較的結果，不過人們卻喜歡用 N 倍的精力去重溫痛苦。舉凡那些悲淒淒的情歌、抒發國仇家恨的詩詞文學、狗血的苦情劇、危言聳聽的負面新聞......，整個人類社會試圖要讓我們養成一種「沉浸在悲慘裡才表示重情重義」的習慣。

歌頌痛苦是一個難改的人類積習，因為自古騷人墨客就熱愛抒發惆悵，留下許多惆悵的經典。人們試圖用歌頌「失去快樂」來懷念快樂；用陳述「不再擁有美好」來懷念美好，感覺很詩意，若你很享受、很欣賞如此那也就算了，但若你真的陷入痛苦繞不出來，那我不得不說，這真是個非常糟糕的習慣。因為這會讓意識慣性去對準悲慘的事，把悲慘感受無限放大，甚至將許多其他的美好也賦予悲慘意義。然後就這樣悻悻然地持續自虐著，等同於不斷向宇宙下訂單：「請給我更多悲慘故事來滿足我的享受」。

　　許多喜歡「苦感」的人，其實潛意識裡也受到整個社會影響，「噢，電視節目很常見這種表達，表示這種表達一定更容易受重視」，所以「苦相」真的似乎能博得人們較多的關愛。我知道這樣說很殘忍，對憂鬱症患者尤為殘忍，如果你是苦到已經想自殺的程度，建議你先閱讀【自殺】這個章節，然後我們再回到這裡練習如何「離苦」。

離苦其實不是很難的事，但就難在於讓你改掉「總是不由自主地將意識去對準那些苦事」的〝習慣〞。現在我們可以馬上練習使用「止觀」從痛苦煩惱中解脫（若對「止觀」尚不了解，請先閱讀【「止觀」得用在生活上】章節）。我們開始吧！

　　你可能常聽到一句話：「活在當下」，首先要理解什麼叫「當下」。你現在先什麼事都不去想（包含身體各種覺受），不去想過去曾如何、未來會如何，深呼吸，思緒盡量停下來，放輕鬆，如果練習過程中有任何念頭升起，就讓它如浮雲飄過，不分辨，不跟隨。

現在專注看著下面這個圓圈，靜候著等待會發生什麼---「靜候待發，懸而未決」，盡量維持久一點。

（嘿，有點耐性）

好，就是這樣，現在你問問自己，剛剛那段時光，是不是沒有任何痛苦和煩惱？其實就這麼簡單而已，就在剛才你已體會了什麼是「當下」。

當你每一刻思緒奔流，妄念紛飛，你是否觀察過你的「當下」正在選擇將意識對準什麼？嗯，你可能幾乎覺察不到，因為你沒有試過 "停下來" 覺察你的「當下」，更別說覺察你的「覺察」本身。

然後現在也許你會說：「可是讓我痛苦的那件事還在呀！這什麼爛方法！？」，噢~你誤會了，是你的意識又選擇再把「痛苦回憶」抓起來，挾帶到每一刻的當下。

讓我們用電影膠片來模擬一下「痛苦回憶」與「人生電影」的關係，放鬆心情，面帶微笑，因為等會兒要擷取影格了。首先我們想像一條由左向右正播放的電影膠片，這是你的人生。然後把播放速度調得慢到幾乎停下來，接著眼前正播放的這一幀，它叫「當下」。「當下」的右邊是「未來」，它上面有無限可能，端看你用意識決定下一刻要顯化 (print) 什麼內容。現在請拿起「當下」端詳一番。

　　嘿！「當下」上面其實沒有「過去」那些痛苦片段的畫面！你甚至在微笑。那「痛苦」是怎麼跟著你的？因為你一直讓與「過去」毫不相關的「當下」用意識在腦中重播那些「覺察」曾經為你攝錄下的痛苦片段，然後在「當下」又重新對它解釋出「痛苦感受」。別忘了真正的你是「覺察」，不是你的頭腦，也不是你的回憶。任何「你的」都不是真正的你，所以你其實完全可以用意識去決定當下要 print 什麼，你並沒有被任何誰強迫重播「過去」。

我們的人生是一齣三維全息的「意識投影片」，每一幀上的內容是由不斷生滅的小能量粒子組成，也就是說，你每一刻都在生滅，非常快速，快到肉眼不能察覺。每一次生滅都不是原本的粒子在閃爍，而是一生一滅就一個新的粒子，就像「投影片」的每一幀與上一幀都是完全不同張「投影膠片」。只要你的意識心智足夠開闊，你甚至可以在「當下」隨時置換成內容完全不同的投影膠片。

　　所以不用再埋怨是誰讓你痛苦這麼久，一旦你發現應該為自己綿延不斷的「苦感」負全責，你便知道只有自己能停下它。每當你對於某段回憶又感到痛苦時，你可以提醒自己從接下來這一刻起，我不要去＂回播＂那段回憶就好，它於我已經不存在，我無需念念不忘。

當然還有一種作法，就是破壞「這段回憶是 "痛苦的回憶" 」這個信念。如果你可以不再定義它是痛苦的，甚至將它定義為美好的，那麼它對你來說就只是段回憶，甚至是一段美好回憶，於是隨便你要不要在腦中回播它，它將不會再為你帶來痛苦。

-『得樂』

　　那我們可以來積極處理「得樂」這部分了。現在你認識到意識其實能隨心所欲地選擇要對準什麼，那「得樂」不就是讓意識對準「樂感」而已嘛！

　　請立刻環顧你的生活，看看有什麼值得你快樂和感激的事，不要馬上說沒有，你這樣只是故意屏蔽，不想去看到而已。總有的，記得這個練習不是為了讓你掃視自己的人生後，開始抱怨並沒有值得你快樂和感激的事。

　　你需要敞開心來好好想一想，一個小確幸也好、一句關心也好、一個微笑也好，然後深深感受那幸福，並感激與它牽涉其中的每個人事物。別對今天這個練習結果不滿意，這只是第一步，接下來你只需要無時無刻都將意識不斷對準各種 "大大小小的

美好"，心便會常常充滿感激，由衷發笑，於是「美好」的雪球就會越滾越大，不久必會漸漸滾成「好多大大的美好」。

請不要小看這個「將意識對準感激」的動作，這麼做就是在向宇宙下訂單：「請給我更多讓我感激的事。」宇宙只是一部相當公正的打印機，你用意識下訂什麼，它就忠實地給你什麼，這並不是什麼神奇的事，這只是因為我們是操控意識的存有，而善用意識就是每個存有都應該學會的事。

「離苦得樂」的做法就是這麼簡單而已，真是說破就沒價值了。一切就端看你自己願不願意「離」，如果你就是沉迷於"獨自舔舐傷口"，那這個所向披靡的方法肯定幫不了你。真心想脫離煩惱憂悲苦的人們，請把「離苦」和「得樂」這兩項技能好好輪番使用在生活中，祝福各位使用愉快！

第十六章：自殺

如果你聽過有本賽斯書叫《靈魂永生》，光是書名就足以讓你知道肉身的死亡完全無法解決問題，任何一個在此生沒被面對的問題，就得在另一生面對。自殺會嚴重阻礙一個靈魂的發展，並且「負罪感」會使他靈魂的處境更為惡化。

雖然宇宙並沒有一個仲裁者來審判自殺者，也並沒有一個叫「地獄」的"公共建設"來嚴懲罪人，但身為存有，只要你相信有地獄，你完全可以用「負罪感」在死後為自己顯化一個個人獨享地獄來懲罰自己，裡面甚至還可以顯化牛頭馬面、閻羅王、地獄使者、撒旦...，或再顯化許多其他自我懲罰的受刑人與你一起在地獄實相裡受刑。而不相信地獄的自殺者，死後會發生什麼事？雖然並沒有任何特定的「懲罰」為他們而設置，但他們的處境並不會比身處地獄好過。

我知道自殺完全不是膽小懦弱的行為，因為無論跳樓、上吊、喝農藥、自焚、臥軌、切腹、割腕、飲彈、服安眠藥、燒炭.....要去做這些事情真的需要莫大勇氣，但很抱歉，真實的你是靈魂、是存有，偏偏就不是這個肉身，所以如不從根本去解決你的問題，你只是錯失了能夠解決問題的此生。

　　佛法中敘述「自殺」會下無間地獄，那是因為宇宙有個法則就是「你給出什麼，什麼就會回到你身上」。「給出傷害」宇宙會把傷害還給你。這與傷害他人無異，都會因為產生「自責」，所以「自責」會投射「被傷害」的外境回饋給你。但別忘了自殺本就是基於一種「自責」，所以當你做了基於「自責」的「給出傷害」，就會投射出「自我傷害」的外境。接著「自我傷害」後又再「自責」，「自責」又再「自我傷害」，「自我傷害」又再「自責」....這個循環往復的噩夢投射，佛法就叫它「無間地獄」。也就是說，如果你能投射出地獄使者來殺你，重複的現象可能還

207

比你不信地獄好一些，至少更容易跳出錯誤迴圈。

　　所以「自殺」對一個存有來說是嚴重滯礙發展的，我真心不推薦這種作法。並不因為「應該要珍惜生命」這種屁話，而是公正的告訴你，帶著什麼樣的信念去死，真的影響大不同。你可以想想那些要自刪遊戲角色的阿羅漢、自化虹光身圓寂的高僧，同樣是一種自殺行為，為何就沒人說他們會下無間地獄。

　　所以抱著什麼信念死去真的很重要，如果實在太想死，我建議可採取阿羅漢或高僧的方式較妥當，尤其還可以降低對親人也「給出傷害」，因為你至少是 "成道了！" 。

　　「想自殺」基本分為三種，一是還有求生意志並渴望被關愛，二是只想盡快結束此生，三是前兩種心理都有。如果是後兩種，建議使用「證四果阿羅漢直接登出遊戲走人」或「成為能自化虹光身圓寂的高僧」。不過如果你都不喜歡，那我們只好先排除掉

"非死不可"的選項，試著來搞定「渴望被關愛」這件事。

　　無論你所面對的問題是失去摯愛、病痛纏身、被經濟所逼、被生活困境所逼、自我負罪...，它們都有一個共同的原因使你無法再繼續面對生命，那就是「因為你並不知道自己本身就是愛」這件事。

　　這句話對一位長期感覺自己「遠離愛」的人來說，或許太肉麻了，但我所講的是一個事實。希望你聽過「靈魂的本質是愛」，或「神是愛」，或「宇宙的本質是愛」.....，這些話不是煽情的安慰，而是用文字去闡述時只有「愛」字最貼切。（至於怎麼證明這些話是對的，請參見章節【「止觀」得用在生活上】-用生活「開悟」。）

　　上帝（神）透過每一個我們去體驗自己，所以為了能體驗到「自己是愛」這件事，我們自己在來到世上前就為自己選定「要

如何體驗自己是愛」的種種難題。而若你為自己安排了〝幾乎讓你活不下去〞的難題，那你真的很勇敢，就如〝你連自殺都敢做〞一樣勇敢。正因為你是如此勇敢的靈魂，所以你會為自己設定這種「比一般人還更強烈感受到遠離愛」的方式，來讓自己進行更具挑戰性的「發現自己原來是愛」的體驗旅程。

　　加油吧！試著在此生搞定你的人生難題，本冊有許多「解脫痛苦煩惱」的方法，供你慢慢參考。

第十七章：病

本文一開頭希望你先把這三個最重要的觀念先塞進腦袋：

1. 無論是多嚴重的疾病，病只是「病症」，不是「病苦」，痛苦是一種情緒認知，請丟掉「病」就會「痛苦」的認知。

2. 不要畏懼死亡，因為只有對死亡無畏，才能停止再對任何「關乎死亡的擔憂」投注能量。

3. 我的病是我意識所投射，我完全可以決定我不用再繼續生病，因為宇宙有個絕對真理，就是「信念顯化實相」。

莫忘記真正的你並不是這個肉身，你是操作著意識的存有。儘管身體疲病交加，有各種疼痛的覺受，但真實的你只是透過了你的人物角色體驗著病症，你依然完全擁有操作意識的自主權。病症其實控制不了你。我知道當病症來時，人難免無助無奈，如果你相信神，那就求神幫忙你，依個人宗教信仰，想要求天父、

耶穌、佛陀、阿拉...都可以，但如果你沒有宗教信仰，那你就向高我祈求也是可以的。我會推薦你這樣求：「祈求神指引我快速了解這個疾病要教導我什麼？我願精進學習它所帶給我的真正課題」。並且發自內心將它訂立為你真正的祈求。

許多人生病求神佛菩薩，只知求治病，這就像餓慌的人只求有食物吃，這種只求食物的做法，神佛菩薩就算給了食物，我們下次還會再餓，所以最好的求法，就是求只餓這麼一次，別餓死就好，請神佛菩薩教我們能不再餓的方法。

其實神佛菩薩與我們是一體的，整個宇宙是同一個能量體，宇宙中所有存有都是純意識溝通，我們共用著同一個母系統，同一個資料庫，各自跑著不同的程式，顯化著各自的 VR 遊戲畫面。所以只要誠心的呼喊，我保證神佛菩薩一定能聽見，你甚至不需要喊出聲，祂們也一定相應，這就是「心誠則靈」。

我們總覺得自己力量遠不及神，所以無法想像自己也是那個涵容一切的宇宙本身，既然無法徹底契入自己也是神這件事，那就呼喊你心中的神，祂會化現成對我們最有利的方式來向我們開示。祂可能會進入我們身邊的人事物，也許讓一位親友對我們說一句警醒話、也許讓某個鄰居為我們推薦一位好醫生、也許吸引你看到一本很棒的靈性書籍...都有可能。

　　疾病發生的根本原因並不是傳染、遺傳基因、飲食、生活作息......，也不是因為任何誰害的。它的出現常常只是信念導致的人生課題顯化，它的主要目的絕對不是只為了讓我們受苦。如果有人告訴你，你生病是因為 "冤親債主纏身"，那麼請參考【業力就是信念-解析阿賴耶】章節對 "冤親債主" 的解說。

　　疾病的背後通常有個更高目的的學習，透過病症的過程帶入。很多人在患病時會忽略學習課程主體，而不斷陷入病症帶來的痛苦和無限自哀自憐，於是錯失珍貴的學習機會，導致課題雪球滾

更大，最後只能把它帶到來世再繼續學習。

　　你的情緒與健康狀況完全是跟著信念在走，你全身的細胞就像百千萬億個小小的你，他們全部都擁有個體意識，而他們的集體意識，就是你的意識，所以你有什麼信念，他們肯定配合你的信念顯化。

　　當一個相信自己有病的人，他必然會真的有病，當一個人對恢復健康毫無信心，那也表示他注定要繼續病下去。不過你可能會喊冤，許多人一直相信自己是健康的，但他可能忽然間就收到患病的噩耗，這仍是信念所致嗎？

　　我們假設一個人從不擔心自己的健康問題，卻非常擔心食品安全、環境汙染、養生保健、甚至地理風水的任何一種乃至多種問題，那麼他必然將自己的健康交付給所有外在環境提供的資訊，雖然這樣的人通常不可能從不擔心自己的健康問題。

又或者一個人如果認為只有醫學能救他，但卻對醫學沒有信心，那他就是為自己設定了〝無法得到妥善幫助〞的錯誤迴圈--一種搬石頭砸自己腳的限制性信念。

再者還有一種常見的情況，其實在一個人的靈魂發展上，經常用疾病的方式去達成另一個更高的靈性目的。雖然這種情況一樣會涉及到此人的個人信念：他相信只有患病可以使他達成某個他渴望的目的。

舉例來說，一個思念兒女的母親可能相信只有生病能使兒女都圍繞在身邊；一個疲累不堪的員工可能相信只有生病能使他停下工作好好休息；一個感覺自己沒人疼愛的人可能相信只有生病能使他得到關愛。這類的情況病者其實病的甘之如飴，但若病者真心希望自己恢復健康，就必須發現問題核心不在於擁有健康的信念，而是去正視自己〝無法滿足自我需求〞的匱乏感。

一場疾病，通常背後的課題可能看起來主要是「學習如何使用良好的信念來維持健康」，但其實有很大一部份是「自我認知」與「人際關係和愛」的議題。看到課題最精準的方式，就是信任為你導演人生電影的神---自己。放鬆~讓劇情引領你自然進入課題，然後在每個細微的答題時刻---每個意念，都選擇良好的信念，這就是最佳的修課方式。

　　可是病痛容易使人陷入不好的情緒，導致作答時經常慣性選擇不好的信念，所以修「病」課通常很需要定力。如果你確實想康復，卻被自怨自艾的情緒糾纏，那你需要 "有意識地" 要求自己忽視身體的不適感，練習安住當下，去享受任何除了不適感以外的人事物，並 "有意識地" 慎選你的信念。

　　像是專注於和親人朋友聊天，但避免與悲觀的人互舔傷口，如果身邊充斥著悲觀的家人，那你不如獨自閱讀一些靈性書籍。

什麼叫"有意識地"？就是"自主的"隨時維持對自己心識的覺察，而不放任自己不斷陷入自怨自艾。任何不舒服或麻煩事現前時，別讓不快之事逗留在心上。該吃藥時吃藥，該作治療時作治療，讓你的角色去應對疾病瑣事，但你不是你的角色。不去延伸「病讓我好麻煩」、「病好不舒服、好討厭」、「我好辛苦」...種種負面情緒，多專注在當下能令自己開心的事。

然後在胡思亂想的時候，一看到負面信念，就將它放開。例如「我病了反而大家更關心我」、「我為大家付出這麼多，只有我病了才終於得到報償」、「我還是死掉算了，我不想拖累大家」、「我活著對大家毫無貢獻，我是大家的負累」、「我的家族有遺傳，所以我當然會生這個病」、「我這麼忙，哪有時間照顧健康，當然會生病」、「我的人生總是這麼悲慘」、...... 這些負面信念只會讓你持續病下去。

請注意病者的「小我」常有的情緒：憤怒、恐懼、沮喪、不安、生氣、焦躁、麻木、罪惡感、無助、自憐、悲傷、絕望、憂鬱、愧疚、想放棄趕快解脫、自殺念頭、害怕被遺棄、沒安全感（無法讓家人離開半步）與莫名的恐懼（恐懼死亡、恐懼無法緩解的疼痛、恐懼死後未知的世界、恐懼與家人分離）、牽掛未了的心願、不放心年幼的孩子或年老的伴侶、虧欠...等。認出這些時候，是你的「小我」在說話，十分建議你回溯【讓小我臣服】這一章節。認出「小我」，擁抱「小我」，但請他閉嘴，你安住在你的修行就好。

所有的「病」幾乎都來自各種「自我譴責」和「自我價值貶低」，所以只要發現有屬於這類的念想，都請提醒自己「噢，這就是 "負面信念"，我不要這種信念來投射我的人生」。然後幫自己的腦子編入一些 "正面信念" 並堅定不移地保任它們。例如「我是總到處去玩樂的健康的人」、「我年紀還輕，手腳都還靈

218

活」...這就不細數了。總之想到或聽到或見到好的信念，就撿來放進腦子裏。

雖說外境是心的投射，但心還轉不了境時，也是能暫時讓境去轉心。多做一些能讓自己靈性快樂的事，例如：投入一個健身計畫、瑜珈、冥想、看懂一部經書、讀一本你有興趣的靈性書籍、發願每日的誦經持咒迴向解怨...。但不用計畫一大堆然後沒時間做再來遺憾，別給自己壓力，做這類事的重點在於「放鬆」和「轉移對病的注意力」。

請務必記得，上述可做的任何事(doing)，包含誦經持咒迴向解怨，沒去做也完全不要感到「糟了，我都沒這麼做，這樣我會不會...」，都別這麼想，順著心想做啥做啥，勿忘「信念顯化實相，一切外境皆由心投射」，維持心是不緊張的、暢快的、開放的...，才是「投射不緊張的、暢快的、開放的... 外境」的最好做法。

真實的你並不活在世界上，你可以把生生世世經歷的一切比喻為「每個人只是同在一張宇宙的大床上睡著，夢見自己活在這世界上，當你醒來，會發現自己從未離開過床」，這就是事實真相。所以肉身死亡不但不可怕，甚至對靈魂來說，一輩子就像你睡醒時想到昨晚做了一場夢，夢到自己是一個人類的一生。

　　現在要從病患照顧者的角度說說信念。你需要深入去檢視，你的信念是否在顯化需要你照顧的家人。這種現象常發生在一個極欲展現自我價值的人身上。他很可能長年處於一個被其他社會價值觀所貶低的角色，當他發現 "照顧弱勢" 可讓他凸顯自己的重要性，那他必然食髓知味以 "對他人的照顧" 來滿足 "自我存在價值感" 的追求。任何 "自我價值感" 的追求都能顯化 "相對無價值" 的人事物，以利此人於 "無價值的他人" 中體現自我價值，因為宇宙無條件支持你去體驗任何你所希望展現的品質。

「需要他人」與「需要被他人需要」，兩者同樣是來自匱乏感，真相說出來時總是讓小我血淋淋地被檢視。如果你正在顯化"需要你的人"，我希望你慎重地知道一件事：「在世界之夢外，沒有人需要他人！每個人都圓滿具足！所以請停止無謂的擔心，因為擔心是最大的詛咒；安心是最大的祝福」。

如果你發現受到你照顧的人總是被你"越照顧越悲慘"，記得不要試圖彰顯自己照顧他人的能力，不斷餵養自己的優越感。你只需相信他們一定會越來越好，一定會走在他們最好的安排上，因為你的相信絕對會顯化越來越好的他們。請默默給予你的支持和服務，如同宇宙如此尊重每個我們，總是無條件支持和服務著我們。

最後，請相信無論人生電影是苦是樂、是長是短，一切都是靈魂最好的安排，任何體驗都是禮物。這裡沒有誰離開了、沒有誰到來了，所有的靈魂都安睡在宇宙的大床上，夢見自己是個誰。

就是如此而已。

第十八章：面對痛苦關係

　　有句話說：「人際關係就像一面鏡子」，鏡子是什麼意思？感覺有點含糊又有點詩意，那麼我說直白一點，就是「照妖鏡」，照出你內心對各種人事物（包含自己---小我）的看法。你可以透過你看他人行為的順眼或不順眼、允許或不允許、貪求或推拒、喜愛或憎惡、欣賞或鄙視、信任或懷疑、無畏或恐懼，來照見自己心中對各種人事物（包含自己）的解釋、定義、偏執。每段關係都在盡責地把你內在的妖魔照得一清二楚，只是你願不願意去看而已。

　　各種令你痛苦的「人際關係」，無論它是婚姻關係、親情關係、友情關係，舉凡能讓你感到痛苦的關係，佛陀叫它「怨憎會苦」。但它們其實是你突破「自我」最大的「助緣」，這些「痛苦關係」裡充滿了你對他人的定義、要求、堅持、無法妥協。如

果你剛好對佛學有點 sense，應該能馬上看出來這幾個字眼，就是「分別、執著」。

假如你討厭你的工作，或討厭你的伴侶，或討厭一個總是出現的人，甚至討厭你所有的人際關係或所處環境，這是因為在你經歷它的過程中，你將意識不斷投注在「令你討厭的事」上，然後每當觸景又瞬間翻出相關回憶，馬上再生出厭惡感，久而久之你又將「厭惡感的累積」翻譯成痛苦（本章只以「人際關係」說明，但面對「環境」也是同樣的解法，請自行帶入）。

當人們被「厭惡感」包圍時，不知道應該從心解決問題，只想去責怪外境。你覺得是他這麼討厭，害你這麼痛苦，殊不知你應該解決的是「"你覺得"他這麼討厭」的問題。噢！可惡！又是自己的問題，聽起來真討厭。可是我跟你保證這方法比心靈雞湯有用多了。因為如果你希望扭轉命運，無論是可以從事你喜愛的工作、擁有美好的人際關係、生活富足、人生充滿幸福感...，

你必先製造出這些內在感受，即使你正處在完全相反的狀況中。因為真實的你是操控意識的存有，記得嗎？！

　　嘿！你需要大破大立，聽著！是你阻止了自己享受人生，是你允許別人來決定你該不該快樂。雖然你不須強迫自己一直待在使你痛苦的處境裡，你大可以毅然決然離開它，但我真的建議你，既然顯化出來了，就一勞永逸把它搞定，因為所有的「關係」都是「緣分」，而「緣分」是業力與願力的組合，如果你只是在外境上試著逃避，那很抱歉必須告訴你，逃得了和尚逃不了廟。業力（＝信念）是揹在你自己身上的，無論你去到天涯海角，唯有你「面對它、接受它、處理它、放下它」（---聖嚴法師的名句），否則你總能用其他方式再把它顯化出來。

　　所以既然如此，那就來面對吧！現在請你把「某某應該要如何如何才是對的」或「某某因為如何如何所以很可惡」或「當某某如何如何時讓我感到好煩」...，這些條件式拆除。我知道你只

要想起那個某某,可能會馬上跳起來說:「嘿,可是他做了很過分的事耶,憑什麼叫我不要討厭他,我一定要弄得他雞毛鴨血!」,請暫停一下,叫你的小我先別衝動。我們 "處理自己" 不是為了要讓你討厭的人爽,而是要解決 "你的痛苦"。別忘了我們正在對自己幹一件扭轉人生的大事,至於將來你要不要弄得他雞毛鴨血,那再說。現在的重點是要先讓你自己爽不是嗎?安慰你的小我:「就姑且試試看吧!反正痛苦了這麼久也還沒找到讓自己一勞永逸舒舒服服的方法,不如我們試一試。」

這裡我有個小小的建議,當你進行這種「信念清理」的時候,你若把自己放在 "上帝視角" 會容易得多。你可以想:「換做是上帝,會這樣批判這個人嗎?換做是上帝,還會有應該如何、不該如何嗎?如果真實的我與上帝無二無別,那是什麼造成了我與上帝的差別?」把這些差別翻出來,能翻到多少就丟掉多少。這是一個很不舒服的過程,過程中還沒丟乾淨的「分別、執著」會一再重複觸動你,讓你的小我不斷跳腳。尤其如果你是和這個某人

生活在一起，他也會持續配合你的「信念清理」而不斷演出許多你的「垃圾信念」。

請隨時記得你正在執行一項對於自己的蛻變計畫，唯有堅持下去蝴蝶才會破繭而出。維持住你的覺察！只要還有「討厭感」，那就是還沒丟乾淨。不要抗拒，不要放棄，請徹底丟到無法再討厭他為止，當你丟乾淨絕大部分對於他的分別、執著後，眼前這些原本被你定義為「使你討厭的」、「不舒服的」、「痛苦的」情境，將會變得不再令你厭惡，然後你會發現你無法再將那個某人定義為 "討厭的 "。

當然你暫時可以不用去 "喜歡" 他，眼下能做到不討厭就很棒了。雖然我老實告訴你，其實有一天你會愛他，並由衷感激他如此配合你，但現在說這個對你的刺激就太大了。(在關係中破分別執著的詳細作法，請參考下一章【搞定「伴侶關係」(適用所有關係)】。)

227

如果你還記得前面【為何這世界是二元對立？】章節，我們談到《妙法蓮華經》提婆達多品。提婆達多可是佛陀生生世世的「怨憎會」呢！但瞧佛陀是怎麼感謝他的，佛陀說：「提婆達多是我的善知識，令我具足圓滿了六種波羅蜜，又得到慈悲喜捨，成就三十二相，又得到八十種隨形相好，圓滿報身現出殊勝的紫磨金色，得十力、四無所畏，又得四攝法來攝受眾生，又得到十八不共法，成等正覺，廣度眾生。這皆是因提婆達多這個善知識的緣故，佛告訴大眾，提婆達多之後將於無量劫中成佛。」

　　每當你又「怨憎會」時，我希望你能再讀一次【為何這世界是二元對立？】這一章節，有時就算不能「頓悟」，也可以「漸悟」，總有一天你身邊的這些「逆助」，一定會成就你。加油！

第十九章：搞定「伴侶關係」（適用所有關係）

關係議題特別用伴侶關係來探討，是因為伴侶關係是人類最極端的夥伴關係。從徹底無關到完全親密，內含強烈的衝突與結合，所以將"搞定伴侶關係"的方式，用於"搞定所有關係"必然游刃有餘。

你可能聽過一句話：「枕邊人就是你的大菩薩」，那麼你就應該知道當菩薩來渡你的時候，未必都是讓你舒舒服服的。伴侶其實是你人生中最主要的一面鏡子---照妖鏡。他的某些面向可能曾經是你希望擁有的、你缺乏的、令你喜愛的特質。漸漸相處一些時日，你也會看到另一些面向是你不允許自己擁有的、抗拒成為的、令你厭惡的特質。

然後你可以觀察到，許多特質其實是一體的兩端，像是 "細心" 的另一端可能是 "小心眼"，你對某個特質的面向是喜愛還是厭惡，嚴重取決於你心中的各種「價值觀」。而這些「價值觀」通常來自大眾認知、父母對其生活經驗的認知、你自己對生活經驗的認知，但你現在知道「認知」是什麼東西對吧？就是「信念」。我們透過各種關係，可以檢視到自己的各種信念，拆掉這些讓你生活不快樂的舊信念後，你可以乾乾淨淨地重建一批美好信念，迎向美好人生，所以就安心地拆吧，不要以為這是為了你的伴侶這麼做的，相信我，拆掉舊信念首當其衝利益到的就是你自己。

　　你需要告訴自己，沒有什麼是天經地義該如何，沒有怎麼樣才是對的；怎麼樣就是錯的。光是不同國家、不同文化之下，對於一位丈夫該是什麼樣子、一位妻子該是什麼樣子，就都各有不同定義。大家總會訂定一個範圍稱 "正常"，超過這個範圍就叫 "不正常"。我們都被這種集體認知欺騙了，好似不正常是很糟糕的事，其實那只是腦子裏寫了一支程式，例如「當 x<100，X

則很可憐，當 x>1000，X 則很糟糕，當 100≤X≤1000，X 是正常或正確的」，如果你注定成為不凡，那你投射出的生活和人物特質怎麼可能落在 100 ~1000 之間。

　　當伴侶的某個人格特質落在你認知是 "好" 的範圍，你喜愛；當它落到你認知是 "壞" 的範圍，你厭惡。每個特質就像有一個可調的橫軸數值鈕，戀愛時我們因為沉醉在愛中，所以那樣的能量頻率不但會使我們常常處於較高頻率，亦會使我們只去看到他人特質中令自己喜愛的這端，所以情人眼裡出西施就是這個原理，然後隨著日子漸長，經歷了彼此心情起起落落，另一端的樣子難免會出現，尤其兩人起紛爭時能量頻率更是一起往下掉，於是我們會更去關注他人特質中令自己厭惡的這端，然後當我們對厭惡的這端產生抗拒，就更加注了它一再顯化的能量，於是它又會更常出現，終於我們開始堅定地認為這個人跟最初想的完全不一樣。一旦開始這樣認定，你的伴侶的人格特質調整鈕就很難再拉回你

喜愛的那頭了，這就是伴侶變討厭的原因，他只是在配合你意識所關注的去演出，他不曾改變他所擁有的人格特質。

人格特質

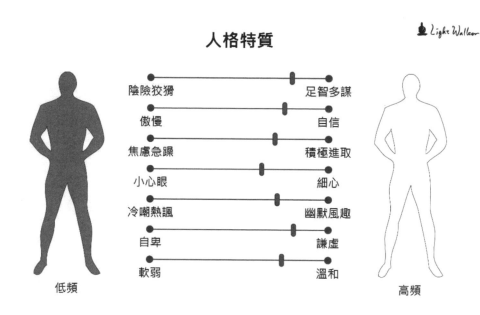

低頻		高頻
陰險狡猾		足智多謀
傲慢		自信
焦慮急躁		積極進取
小心眼		細心
冷嘲熱諷		幽默風趣
自卑		謙虛
軟弱		溫和

你也許會覺得這看起來 "維持好的頻率" 不就沒事了？不，頻率總有高低起伏，我現在要告訴你一個無往不利的破解法，就是丟掉你對那些特質的判斷式---「伴侶應該要如何才是對的」的認知（信念），這麼做可以破壞「伴侶的各種表現」與「是否令你討厭」的關聯，這是一條走向「無條件的愛」的康莊大道，因

為你等於把「他應該要怎樣我才愛他」的條件都拆除了。當你對伴侶給出「無條件的愛」，你認為你會收到什麼回來？

　　圓滿的關係，是從你內在的圓滿投射出來的，外在關係不圓滿，很殘酷的說，就只是因為內心不圓滿。伴侶的樣子，是你自己內在很大的部分，因為你有很大部分的人生時間都在投射這個人，他是你人生電影中的最佳男（女）主角，他不僅是你用你的信念投射出來的，他還是完全配合現在這個版本的你所量身訂製的他，你若升級版本，他還得自動配合你升級版本。（這部分如果很難理解，請參見【什麼是「空性」？】與【時空與輪迴】此兩章節。）請先升級你自己的版本，因為你只能活在你自己的故事裡，你故事裡的他人也只是「配合當前版本的你」的他人，若不升級自己卻妄想更新 Base 在你的版本的他人，完全是緣木求魚。

【第一步】把對於「伴侶應該要如何如何才是對的」這些認知都去掉。去掉認知不表示你會連被家暴都甘之如飴，如果被家暴請趕快先尋求庇護好嗎？我只是說，停止去判讀它是應該不應該，是對是錯，是令你恐懼的，是令你厭惡的......這些認知先去除掉。你需要知道事情的背後其實沒有對錯，他只是你的內在投射，他今天會這樣對你，極可能是因為你對這樣的行為有深層的恐懼、你非常討厭這些行為，討厭到你執意要將這個討厭帶到這一世來體驗，所以顯化了這樣匹配你的伴侶。

你從來不是受害者，所有的傷害都來自你自己意識的選擇，也許你在「被害」的狀態下可以得到更多的關注，或是可以滿足你的自怨自艾，或是你可以經由這種現象才能得到什麼唯有如此才能得的。真正的原因如果你想探究，你需要自己翻出你對這件事的"依賴"，是什麼讓你"想要"這件事一再發生。「信念顯化實相」這句話最殘忍的地方就是，你需要認知，**所有你的人生**

故事，你都需要為它負責，你只有真正負起全責，你才有機會去改變它，即使就算是被家暴，也是。

　　無論發生了什麼讓你痛苦的現象，請都不要去判讀、解釋它對你的意義，內心不要繼續排斥、憎恨、恐懼它，也別反復沉湎於痛苦回憶，減少對這個現象投入更多能量。然後該做什麼還是做什麼，無論是報警、申請保護令、訴請離婚、……甚至是反擊。真正的修行從來不會只是在行為上做到犧牲自己奉獻他人，這一切與行為無關，行為只是內在投射，同樣一種行為，可以來自非常多不同的心念，一個最簡單的例子就是，同樣是殺人，選擇去殺的內在心理就 N 種，「殺」只是外在行為，但心念（信念）才是決定我們將體驗到什麼感受的關鍵。

　　我不是要你在痛苦婚姻關係裡隱忍任何對方的行為，你要做出什麼行為去應對，並不是重點，重點只在於你是基於什麼心念去做的，你是在給出愛，還是給出傷害？這將決定該行為會回饋

予你什麼樣的能量。所以行動時注意心念，如果無法基於給出愛，那至少要能不帶想法只做該做的事，心安住「不分別」，如如不動，然後去做好每件該做的事，那你就不會陷入故事中，讓心被劇情帶去瘋狂亂轉。心隨境亂轉，就會接二連三亂投射更多糟糕的劇情，最後生活會陷入一片混亂，千頭萬緒讓你梳理不開，於是想「停下來」就會變得非常困難。

當然殺人或家暴都是較極端的情況，你可能只是與伴侶「個性不合」。「個性不合」這個詞實在太好用了，所有的彼此不合意，都能列入個性不合的範疇，但契合這件事，不見得需要兩種可以拼合的形狀。當你是水，你可以與任何形狀契合。所以讓自己成為如水一般的存在，你便能倒進任何形狀的容器。你不再需要為他人改變你的形狀，因為你沒有形狀。然後，當你是水，你也是最無堅不摧的力量。柔能克剛，滴水能穿石，於是這時，你便能雕刻他。

當你已擁有水的力量，你卻也開始欣賞並尊重他原有的形狀，所以即使你雕刻，你也不會是按照"你喜歡的樣子"，而是純然站在「利他」的角度，雕他成為他自己最好的版本。說到這裡你可能會想，為什麼我要為他改變自己？他這麼可惡，我才不要爽到他。嘿！聽出這是小我的聲音了嗎？請小我安靜坐下，別忘了今天是你想解決你的痛苦，你想改變你的人生，你想重建一個美好的伴侶關係，也別忘了他是你的投射，他只是配合你演出，所以不要管會不會爽到他，我跟你保證當你把自己修好了，第一個爽到的一定是你自己。

　　這裡我必須再重申一次，**真正的修行從來不會只是在行為上隱忍或犧牲**，而是這條路堅持走下去，你就算在他人眼中看起來是在「犧牲」，但你自己卻完全不會有「犧牲」的感覺，你會覺得你只是很自然的喜歡給予和分享愛，而神奇的是，「快樂」和「給予」不但不相抵觸，還會使你豐盛起來。

接著進行【第二步】將自己放在上帝視角去看這段關係，然後讓你的人物角色去演出。請勿將自己放在與伴侶同等是人類的位置去看這段關係，既然今天你走靈修了，那就拿出靈修的功夫去應對。還記得嗎？你的人物角色並不是真正的你，你是操作著意識的存有。而「所有人是一體的」這句話也常聽，嘴上也都說知道，但其實你難以接受。「什麼？極惡之人也跟我是一體的？變態殺人狂也跟我是一體的？」，是的，沒辦法，就是一體的。無論多麼想切割，都無法改變我們是一體的事實。然後你可以試想，如果你的身體，有一隻腿在犯病，你是要治他，還是截肢他？噢！抱歉，無法截肢，因為宇宙是無法分割的一體，你只能 "感受" 分割，無法真實分割。所以當你讓自己進入上帝視角去看待每個人，每個人就如同你自己的身體，於是你會允許每個人本來如是地自然存在著。

　　現在請把這種放鬆的上帝視角帶進你，再讓自己的人物角色，因應劇情來跟伴侶對戲，記住你是「覺察」，所以你很冷靜，生

情緒的是小我，叫小我閉嘴別吵，因為你須要冷靜處理眼前的劇情。當你如此冷靜，你將會真正看到現在劇情需要什麼最符合所有人的最高利益，而做出真正能改寫劇本的作為，如果你任由你的小我抗拒伴侶的某些面向，那些面向只會越演越烈，你的小我會很不甘願讓你的角色去受委屈，小我會阻止你做出違背小我意願的事，像是道歉、溫柔對待、隨順......。然後就更不可能改變劇情了。所以當小我又氣急敗壞的想跳腳怒罵，你得趕快覺察到那是小我的聲音，然後回到【第一步】先去搞定你的小我。

　　好的，現在你不是小我了，你不需深入你的人物角色去受苦，而是在上帝視角看戲，「離開你的角色，不在角色身上受苦」，這麼做的確很像人格分裂，但醫學上的人格分裂，是你會有兩個小我。老天，一個小我在腦袋還不夠吵嗎？所以你當然不是要生出一善一惡的兩個對立角色在腦子裡吵架，而是直接把自己拉到神的位置，當然也不是要你妄尊自大，去鄙視你的伴侶，而是拿出你予生具來的神性，那個「沒有是非對錯，沒有對立，一切都

是我」的神性，去看待你的伴侶，然後你將會看到你的伴侶，也許正因為無明(無知)所以對你給出傷害，但你不會因此受傷，因為當你超越人類認知，那人類製造的各種傷害，傷不了你，包含殺死你。

也就是說，當他有任何言語或行為攻擊，都會穿透你，因為你知道你不是你的人物角色，你也知道自己的角色與他一樣只是你投射出的幻境。所以即使幻境人物拿出幻境刀子把你的幻境角色殺了，真實的你也毫髮不傷。而這就是無畏的力量。這種力量，是很大的光明，如太陽一樣，不分別的普照，除了能掃除自己所有無明，也能讓身邊人的無明動搖，只要他們的小我不要強有力的堅守無明，他們的靈魂都會不由自主地趨向那種光明。當你的心智擁有這樣的力量時，反而不會使你想去操控一切，但操控卻會變得非常容易。

那就像一個長者跟三歲孩子玩過家家，孩子在意很多事，但長者不會在意，長者知道如何使孩子平心靜氣地玩，假如孩子要求長者：「這是一杯水，喝掉它！」，長者望著空杯子，決不會對孩子發火：「你鬼扯什麼，這裡面又沒水」。長者會真正投入這個遊戲，拿起杯子假裝喝水。他不會在遊戲中較真，他會利用各種善巧和智慧，輕鬆地掌控整個遊戲的走向，甚至，他也不想掌控，只是慈愛地看著孩子，若孩子暴虐無理，他當然也會示現憤怒相去嚇阻孩子，給予孩子適當的教育，但他並不起瞋恨，一切行為都是發自於愛。 當你用「長者的慈悲」對待伴侶，你的伴侶將會真正尊重你。這時，只要是為他好，讓他開心也可以，搞得他雞毛鴨血也可以，從此你內心不再痛苦，沒有什麼能使你感到受傷，因為你真的成熟了。

　　讓小我不再操控你的角色，讓神性進來做角色的主人，於是，你可以開始進行【第三步】達到最舒服的伴侶狀態。這要先說起什麼是「最舒服的伴侶狀態」。其實每個人都有自己的專長、特

質、拿手擅長的事，當兩人決定締結伴侶關係，最棒的關係就是雙方都提供自己的專長、特質、拿手擅長的事，你們既然是伴侶，你們就要建立合作關係，而不是對立關係，雙劍要合璧，才能所向無敵。

當前面提到的方法你都落實了，那去欣賞對方的優點對你來說會是非常容易的事，無論他對你如何耀武揚威、張牙舞爪，你只要降伏這頭猛獸，讓他成為你的招喚獸，你的人生就如虎添翼了。說「降伏」，你可能又會想像是用鞭子抽打他直到他降伏於你，噢！那你就徹底搞錯了，請用長者與孩子玩過家家的方式去搞定「降伏」，因為你要的是他心悅誠服，而不是被屈打折服。

任何良好的關係，都不會有其中一方是委屈的，所以既然你是愛，你會知道如何用愛去降伏你的伴侶，然後，當你降伏了這頭猛獸，他就會變成你的招喚獸、神獸坐騎什麼的....。陪著你在人生遊戲中打怪、幫你補血、增加你的防禦力、加快你的移動速

度……等。那將會是多好的伴侶關係呀！可是等等，不要只想著從此對方將如何如何地為你所用。

當我說招喚獸，並不是真的把伴侶當成獸力使用，也不是說你可以奴役你的伴侶，之前他對你來說像毒蛇猛獸，是因為其實你對他而言也像毒蛇猛獸，你自己不知道而已·我們前面說過了，伴侶是「照妖鏡」記得嗎？所以面對毒蛇猛獸般的伴侶，我們不是要砍死他，而是要降伏他（就像你降伏你的小我）。

當降伏之後，你們開始要進入隊友模式，也就是組隊解任務的狀態。例如你可能是魔法系，你的伴侶可能是治癒系，你不會要求一個治癒系的角色要能做生產系或戰鬥系的工作對吧？所以即使你原本非常想要一個生產系的伴侶，但因為你開始欣賞他的專長，於是你會了解到他其實是一個非常好的治癒系隊友，尊重他所擅長，欣賞他所發揮，感激他所貢獻，當你開始這麼做，

你們就會成為彼此惺惺相惜的神鵰俠侶，因為別忘了宇宙有個法則：「你給出什麼，什麼就回到你身上」。

　　最後要提醒一件事，如果你要與一個人好好生活，他是鳥，你就是天空，如果你要渡他，他是鳥，你得是鷹。訓練自己如如不動，將來你亦可反過來搞得他雞毛鴨血，但完全不影響你。不過那時，你會是真心利益他而幫助他成為他的更好版本，不再是基於你自己的分別執著。菩薩可以為任何人落到任何頻率、做任何事，祂只在神性中，而不在祂的人物角色。

第二十章：成為無條件無分別的愛

如果要討論「無條件無分別的愛」---慈悲，我們得先從「愛情」說起。因為「愛情」是人類最極端的情感關係，從徹底無關到完全親密，超越親子血緣間自然產生愛的強度。而「人類的愛情」為何這麼美卻又像毒物一般？ 那我們需要先理性地拆解「人類的愛情」是什麼：

人類的愛情＝無條件的愛＋小我（ego）

這就是為何剝除「小我」之後，「愛情」才能成為「無條件的愛」。而「無條件的愛」僅差一步會成為「無條件無分別的愛（慈悲大愛）」。我們再理性地拆解「無條件的愛」是什麼：

無條件的愛＝無條件無分別的愛＋自我（self）

所以那一步，就是「自我」走向「無我」。

-『真正的愛情是什麼？』

　　愛情是，當我們對人類的神性有強烈的渴望，我們會為自己投射出一個「與神結合」的體驗。這便是「愛情」為何神奇美妙，因為它是來自神的禮物。請不要把「與神結合」想得很...只有情慾。我們人體的七大脈輪由下至上：海底輪、臍輪、太陽輪、心輪、喉輪、眉心輪、頂輪，個別有不同的能量展現。當兩個人互相吸引，事實上是"能量上"渴望與彼此相互整合。也就是說，我們透過緣分（業力或願力）的召喚，與你需要整合的人相遇，並在能量上互相吸引。當然我在說的不限於愛情，任何緣分都是如此。

　　說到能量，請勿將能量只想成"身體"。你的身體是你的意識（末那識）的顯化、是象徵你這個「存有」的象徵物。你的世界也是你的意識（阿賴耶識）的顯化，整個你的世界都是象徵你

這個「存有」的象徵物，記得嗎？你是你的世界，你的世界都是你的能量，別忘了你連颱風都能投射。所以一個人的能量範圍遠遠大過他的肉身。也就是說，實際上你的意識並不在你的身體裡，而是你的身體在你的意識裡。當你與他人進行能量整合，你也不是在與 "他的能量" 做整合，而是你倆純意識溝通，你在你的能量中投射一個屬於他的意識的能量場---你產生一個 "與你的需要相匹配的他" 的能量場，與你投射的 "你的人物的能量場" 進行整合。

　　有點燒腦，總之每個緣分都是為你量身打造的，包含結束的緣分也是。它們代表各種不同的人生道路，各種符合你當前能量的選擇。所以沒有什麼是錯過的緣分，只有你的靈魂給你但你意識選擇放棄的緣分；沒有什麼是你失去的緣分，只有你的靈魂不給你但你意識放不下的緣分。

不限於愛情關係，人與人相處皆可進行「能量整合」，因為所有的人際關係都是鏡像關係，只是依關係親疏而能達到不同程度的整合。由於愛情是一種人類極緻的情感活動，它是人體七脈輪全方面的「能量整合」，所以愛情的"互相吸引"較能強迫你心甘情願去整合。而在其他人際關係裡，如果你並非有意識地選擇整合，你通常會想避開那些可以整合的內容，因為整合常常是充滿意識碰撞和互相激蕩的。如果你的「小我」很強勢，當「小我」遇到意識碰撞或舒適圈受威脅，會因為無法忍受這些"內在衝突"而選擇屏蔽整合。

所謂的"整合"，便是一種「靈性煉金術」，係指「**透過鏡像讓雙方的內在去蕪存菁、將各自的各種內在品質互相對齊提升、各個脈輪能量互相平衡增益，並激發出兩者整合後才能體現的特有品質。**」，如果你有認真看本書，會發現章節【搞定「伴侶關係」（適用所有關係）】說的就是「伴侶的能量整合」，只是我沒有從能量層面討論它。這裡需要討論「能量」，是因為要解說

「愛情」特有的〝令人心弛神往〞，就有必要提及海底輪、臍輪、心輪、頂輪在進行「能量整合」時的情況。

- **第一脈輪---海底輪**：〝生命〞之門，又稱「根輪」。整合時透過人體感官(眼、耳、鼻、舌、身)，進行愛的關係的〝存在感〞確認。所以深情對望、溫柔耳語、費洛蒙吸引、親吻、身體接觸，這些行為都來自能量整合的〝本能〞，整合時雙方會感到充滿〝生命力〞。

- **第二脈輪---臍輪**：〝性〞的能量中心。整合時會自然產生〝性吸引力〞，透過與性相關的行為，開展更深入的親密關係，如此能使雙方更互有拉力，減少整合過程的意識迴避。

- **第四脈輪---心輪**：〝愛〞的能量中心。整合時〝愛的能量(靈魂的本質)〞會湧現，於是互相激發愛的各種品質，感受彼此〝無條件的愛〞---感受到自己是愛。

- **第七脈輪---頂輪**：〝神識〞之門。整合時會有超越肉身的純精神交會，雙方進入不分你我(無我)的神識結合。

至於其他脈輪的「能量整合」是整合哪些品質，請參考圖表『人體七大脈輪的能量表現』。「愛情」因為是七脈輪全項目的「能量整合」，所以它是一個"由地到天"全方位「天、地、人三位一體」的體驗。這就是為何說愛情是一個「與神結合」的體驗。有這樣的了解後，我相信你已能用更自然的角度看待「性吸引力」，也能以更平常的心態去看待「愛情」。

人體七大脈輪的能量表現

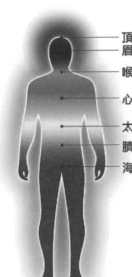

頂輪(我領悟) - 識
眉心輪(我觀照) - 見
喉輪(我表達) - 空
心輪(我愛) - 風
太陽輪(我願意) - 火
臍輪(我感受) - 水
海底輪(我存在) - 地

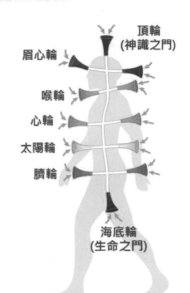

頂輪
(神識之門)
眉心輪
喉輪
心輪
太陽輪
臍輪
海底輪
(生命之門)

脈輪	不活躍 / 堵塞	中道（平衡）	過度活躍	相關性	五毒	五行
頂輪	沮喪、限制性思考、察覺不到精神世界	了解生命目的、天人合一、沒有偏見	過度追求精神世界、忽視肉體物質需要	靈感、生存使命智慧、領導力	癡、慢	金、水
眉心輪（松果體）	易被騙、執著、需要透過他人了解自己、傾向依賴權威、困惑、多疑	洞察力、視覺化能力、直覺、喜愛幻想	偏執信念、偏頭痛、白日夢、產生幻覺、活在自己的世界	判斷力、價值觀、信念	癡、慢	水、木
喉輪（甲狀腺）	話少、內向害羞、無法說出真心話	溝通能力佳、藝文、心靈成長	話多、專斷、掌控話題、不是好的傾聽者	自我表達、交流言談	癡、瞋	水、木
心輪	麻木、冷酷、不信任、迴避型人格	自愛愛人、同情心、友善、	令人窒息的愛、自私的愛、焦慮型依戀	同理心、愛、慈悲	瞋、貪、疑	木、火、土
太陽輪	消極、猶豫不決、憂慮、沒自信	有把握的、自信的、confidence	強烈控制慾、有侵略性	群體信心	瞋、慢、疑	木、金、土
臍輪	僵硬、缺乏感情、態度封閉、性冷淡	熱情活潑、打開親密關係、性平衡	敏感、情緒化、性慾過度、佔有欲太強	情感和性慾	貪、瞋	火、木
海底輪	恐懼、緊張、感到不受歡迎、生存意願薄弱	使人安心、安穩、安定、感覺可信賴	物慾橫流、貪婪、安於現況不想改變	身體的覺察和舒適感、生存能量	貪、癡	火、水

-『人類的愛情』

人類想像中的「完美愛情」是"透過你讓我看見圓滿"，"你是獨一無二的"、"我想給你幸福"、"無論如何我都愛你"、"為了你我什麼都願意"、"我希望你能擁有對你最好的"，這些看起來好神聖、好真誠的是什麼？親愛的，這就是「無條件的愛」。

那為什麼人類「實際上的愛情」卻有"我只能是你的唯一"、"我渴望你的愛"、"我為你患得患失"、"我需要你的承諾"、......我就不再列出了，也許你已經看出來它們是什麼。是的，它們是用愛情包裝的「小我的聲音」。

小我很 **"自私"**，自私就想 **"索取"**。暫時地索取成功，就感覺「**圓滿**」；索取不成功，就感覺「**匱乏**」，於是為了那暫時

的圓滿感而 **"患得患失"** 。患得患失後感覺非 **"佔有"** 不可，所以就希望 **"被承諾"** 、希望自己是對方眼中的 **"唯一"** 。

那暫時的「圓滿感」就像毒藥的糖衣，而它裡面包的是「自私」。由於每次服用都 "有機會" 能感受到暫時的圓滿---無條件的愛，所以你不斷創造各式各樣的自私，像是「你如果不如何如何，就是不愛我」、「你如何如何，才是愛我」。兩人服用後，體驗到「你果然沒有如何如何」，就匱乏；體驗到「你果真如何如何了」，就圓滿。如是來來回回，你倆不斷 "創造毒藥" 和 "體驗匱乏或圓滿" ，於是毒藥就扼殺了你愛的能力，同時強化了你的自私。

看出人類的「愛情」是什麼套路，是否發現許多「親情」也是異曲同工？ 忽然間它們都變得挺醜陋的吧？ 而人們甘之如飴就只因為那短暫的圓滿感---用被虐與施虐來感受愛存在。噢！

太可悲了，果然是包著糖衣的毒藥。該死，說好的「無條件的愛」

在哪？　別難過，剝除「小我」就是了。

-『無條件的愛』

「小我（ego）」掛著許多捍衛自我利益的條件。所以當你剝除「小我」，你會發現自己已經可以無條件地愛著你所 "喜歡" 的人，而這個 "喜歡" ，是屬於「自我」的感受。每個「自我」都有「基本人格特質」，所以它自然會有一些 "我的" 喜歡與不喜歡。這個喜歡不喜歡的 "感受" ，指的就是每個人物的「感覺基調」。當演員的「感覺基調」接近，才容易合演同一齣電影，所以「感覺基調」是人與人能否合拍的關鍵。建議務必達到「剝除小我」的狀態去面對世間的人際關係或愛情，與 "自己所喜歡的" 成為夥伴、伴侶。然後無條件地去給予你的愛，不批判、不否定、不給他們貼標籤，於是你會隨著你對他們的敞開與欣賞，不斷顯化出更好版本的他們。

「自我（self）」掛著許多個人屬性，也就是「人格特質」。「自我」並非壞東西，而是你在世界上可以進行任何體驗的工具。我並不推薦用丟掉「自我」的方式活在這世上，因為「自我」的存在有利於每個靈魂互相搭配彼此的〝靈魂渴望〞去實現每個「自我」。

　　〝靈魂渴望〞即是一個「存有」在進入實相系統前為自己制定的「靈魂藍圖」。這個藍圖不只是為了你的靈魂的〝自我實現〞，同時還搭配了與你牽涉的靈魂（你的靈魂家族）中每個靈魂所渴望的體驗。這就是為何巴夏總說：「追隨你的最高興奮！」，因為最高興奮其實就是〝高我的導航〞。「高我」在導航什麼？導航你可以按照「靈魂藍圖」去進行那個能令你〝自我實現〞並〝搭配了牽涉其中的每個靈魂的靈魂藍圖〞的人生。

　　我可以很坦白地告訴你，如果你的「小我」很強勢，你往往很難走在你的「靈魂藍圖」上。因為靈魂其實是瘋狂的、渴望豐

富和精彩的。靈魂並不喜歡看到平凡無奇的人生電影。如果你覺得你的人生電影十年如一日、數十年不變，我幾乎可以確定你只是在演「小我人生」。因為「小我」是很沒有安全感的，他希望一直待在他的舒適圈，任何冒險都令他感到危機四伏。

然而你可以問問你自己，你都喜歡看什麼電影？你可能明明喜歡看場面浩大的科幻電影、壯志凌雲的史詩電影、宏圖大志的謀略電影、轟轟烈烈的愛情電影、荒誕不經的搞笑電影、曲折離奇的懸疑電影...，當然也有許多人喜歡看恬淡靜謐的溫馨電影、一生只做好一件事的勵志電影、不知導演想表達什麼的藝術電影，或單純喜歡看球賽、聽演奏會、參觀畫展、...，都很好，只要你喜歡，對你來說就是最棒的電影。可是，請你看一下你的人生電影在演什麼？噢，也許對你來說真是難看死了，如果你坐在電視機前看的是你自己的人生，你能坐多久？

靈魂來到這世上不是要等死的。如果你認為電影是電影，電影可以精彩；人生是人生，人生只能枯燥乏味，那你真的超級浪費你的人生。你的「自我」就是你人生電影的主角，你正在上演一齣你自編自導自演自拍攝但全宇宙都在欣賞的重要作品，你完全不該受控於「小我」而製作一場「小我電影」。

我希望你好好想想你真正喜歡看什麼電影，因為這是你靈魂真正渴望的人生。話說回來，這也是為什麼異性（我是指心理異性）在相識後會想約去看電影。其實我們下意識地知道，我們需要用〝喜歡看什麼電影〞去確認彼此的「感覺基調」是否相符。如果兩人喜歡看的電影天差地別，那你們會很難共演同一齣人生電影。

人們想要與基調相符的人聚在一起，這是無可厚非的事，這也是為何會通常跟你一起合演人生電影的都是同一個〝靈魂家族〞的存有。就像有些電視台製作的電視劇永遠都是同一票演員

在軋戲，除了緣分較深，更因為互相搭配也非常有默契。如果此生來演親人、演朋友、演仇敵、演伴侶，無論他們扮演小可愛還是大魔王、無論他們的演出是否令你滿意，他們都因你的信念演得絲絲入扣。你低頻，他們就合著傷害你；你高頻，他們就合著愛護你。

所以請不設任何條件地愛著他們，允許他們不知道自己在做什麼，感激他們帶給你任何人生禮物，即使你收到時並不喜歡。若沒有這些與你對戲的專業演員，你要怎麼如此入戲，生氣時真得飆血壓、傷心時真的哭斷腸。好好看看他們，每個都是你此生開拍前為「靈魂藍圖」所慎重安排的靈魂伴侶。

-『無條件無分別的愛』

　　現在來看最後一步---「自我」走向「無我」,會發生什麼事。首先我們要了解「自我(self)」是什麼?當你還有「自我」,儘管你是個善良的沒有「小我(ego)」的人---沒有「我執」的人,你仍是會有你所喜歡的、你所挑選的、你所追求的、你所想要的、你的需求滿足、你的與眾不同、你的個人成就與體驗,然後請你想想,當你的人生失去上述這些東西,那會是什麼樣子?噢,行屍走肉吧,那你可知道佛法推崇的「無我」狀態為什麼不是行屍走肉?因為「無我」只是破妄,「一體同觀」才能顯真,如果單純「無我」而沒有進入「一體同觀」,那失去「自我」就會使活著變得毫無意義。

　　然而當我們真正體會到所有人、萬物確實是一體的,那麼「自我」雖然消失了,但實際上「自我」卻擴展至無限大。萬事萬物

都成為你的「自我」，從此自他無分別，你可以愛所有人，如同愛自身。所謂的「大愛」，從來不是把「愛」變大，而是「自我（self）」變大，愛自然就大了，因為 "自愛" 是人的天性，無私就是最大的自私。

這世上有許多人並不在「無我、一體同觀」之境，卻強迫自己做著「慈悲大愛」的行為，例如強迫自己不吝嗇去捐錢或做義工、強迫自己去對自己討厭的人好、強迫自己犧牲自己去成就他人、強迫自己對所有人面帶微笑。這些強迫會導致內心非常憋屈，而長期憋屈之下會比根本不行善的人還更加難受，如果此人還有「小我」，那事情會更糟，他必然會心智異常扭曲，發展成「受害者情結」：感覺沒有人愛他、感覺沒有人為他想、感覺自己受利用、感覺自己被糟蹋、感覺自己被排擠、感覺他人有敵意、感覺不愛自己、看到他人悲慘內心會很爽、喜歡幸災樂禍、見不得別人好。如果你有以上問題，你不如不要行善了，做個舒服自在的人吧，真正的善行不是「小我」做得來的。

這就是為何佛法說佈施要 “三輪體空” 地去做。「無施者、無受施者、無施之物」。「無我」所以無施者，「一體同觀」所以無受施者，「一切本空」所以無施之物。你在夢中給夢中人夢中物，這就是 “三輪體空”。如果你是一個很有心要利益世界的人，建議你除了剝除「小我」，請再多走一步放下「自我」，到達「無我之境」。這並不是為了他人這麼做，而是使你不會為了利 “他” 而傷害 “你的自己”。

　　佛法有趣的地方，就是 “你的什麼” 會受傷，它就教你把那什麼拆除，讓傷穿透，傷就不起作用，不影響你。我不否認這麼做效果真的奇佳，簡直是終極版仙丹。但我說過佛的法藥性猛烈，所以不適合長期服用，如果你明白佛陀是一位偉大的醫生，你就不會去責怪他的法怎麼看起來這麼消極。

中醫來說，身體燥熱上火，可食用較涼寒的食物去調理，但涼寒食物長期不間斷地吃，你想想會如何？說佛陀是醫生可不是我的片面之詞，《妙法蓮華經》中佛陀承認自己是醫生，他是在開藥。所以每一帖藥吃了還不見效，就繼續吃，吃了見效，記得它是藥，就算是萬靈丹也不是叫你永遠當飯吃。你可以試想，例如若大家都去長年閉關，這會是宇宙希望的事嗎？光是你的靈魂就受不了這麼難看的劇情。所以每個法都是修行手段，有其對治的症狀。為何真正嚴謹的修行會按照"次第"？因為每個次第都在極端中顛覆前一個次第的境界，最後因"了了分明"每個境界於是從容自若，而非困於"法執"便停在一個境界裡作繭自縛。

請了了分明自己的心，勿把「小我」誤當「自我」、「自我」誤當「無我」。你的「小我」極可能看到「小我不用殺死」、「自我有存在的價值」、「人性不該捨棄」這種話，便倚仗這些觀點死不臣服，如此你是在助紂為虐，導致「小我」猖狂而不自知。唯一能搞清楚「小我」與「自我」的方法，就是你真的依序、個

別去放下它們，契入那個放下的狀態生活一些時日，你才能了了分明地感受它們是什麼、它們是如何影響你。我只能告訴你，「小我」臣服後你的生活將不再有煩惱，「自我」隨順後你的生活將自在無礙。

　　其實「小我」、「自我」都是你在實相系統中生活的好工具，「小我」雖然是受扭曲的心智，但因為你曾體驗擁有和失去它，所以它可以成為你的顧問，幫助你認得他人的「小我」，不受他人的「小我」拉跑，並能檢核自己是否還殘有「小我形成的信念」。

　　「自我」雖然會影響「一體同觀」的感受，但因為你曾體驗擁有和失去它，所以你可以輕鬆駕馭它。當你單純「利他」時就放下「自我」，你可以因為「無條件無分別的愛」而做到完美的「利他」；當你追求「自我實現」時就拿起「自我」，你可以不枉此生地體現你身為一個「存有」的價值；當「利他」與「自我實現」看起來衝突時，你可以選擇「利他」，因為「無我之境」

比起「自我實現」必然更接近神，而靈魂所渴望的「自我實現」，無非是為了"更接近神"。

當你的心永遠以"所有靈魂的最高利益為利益"，無論顯化出什麼劇情，你都可以信任一切必定是最好的安排---神的安排。這就是為何處於「無我之境」生活，會帶給你內心完全的平安。請記得，**神只給出禮物，每件事都是禮物，無論它看起來像什麼。**

當你在「無我之境」、當你認知「一體」、當你知道宇宙無條件無分別地支持與服務著你，讓你體驗任何你要體驗的、讓你成為任何你想成為的，透過任何人事物在愛著你，而真正的你其實是宇宙本身，於是你發現自己是愛、於是你從一個個體回到神的懷抱，就像一個光，回到了太陽。從此你只是普照著，你不會因為這是你喜愛的就多照耀他一些，你也不會因為這是你討厭的就不對他照耀，因為每個都是你，你無法不愛任何。人們只能自

己撐起傘屏蔽你，但無法阻止你是愛所是，這便是成為「無條件無分別的愛」、成為「慈悲心」本身。

第二十一章：情執

　　兩個人在一起，可以是相愛所以在一起，也可以是不相愛但是勉強在一起。但當你就是愛，你會愛任何與你在一起的誰，無論他是誰都不能影響「你正與你愛的人在一起」這件事。

　　兩個人無法在一起，可以是不愛他所以不想在一起，也可以是愛他但不能在一起，但當你就是愛，那無論能不能與他在一起，或有沒有與誰在一起，都無法影響「你就是愛所是」。

　　愛情是，當我們對人類的神性有強烈的渴望，我們會為自己投射出一個「與神結合」的體驗。所以我們無法說這個人是我的神，而那個人不是我的神，我們可以透過「與任何人在一起」去體驗「與神結合」。

所以伴侶是他，你愛。伴侶不是他，你愛。伴侶是誰都可以愛，沒有伴侶你也還是愛。

如此就不會因無法與誰在一起而痛苦，也不會因在一起的是誰而痛苦，也不會因沒有與任何誰在一起而痛苦。因為你已成為「無條件無分別的愛」所是。

愛你世界的一切，無論是伴侶、還是親人、還是友人、還是路人、還是仇人....，因為他們每一個都是你，你顯化出來的人不會只有這個是你而那個不是，全都是。

所以沒有「非要這個人我才愛」，也沒有「非要我才能愛這個人」。而是「無論這個人是誰我都愛」、「無論任何人都能代我去愛」。因為當你是愛，就無法不愛任何；當你是宇宙，你的愛無所不在。

請允許你的生命用任何形式愛你，包含「你愛的人從你的故事離開」，或者「你愛的人不愛你」，因為這些也是生命愛你的方式、是他的靈魂愛你的方式。並不是來疼惜你的才是愛你，來傷害你的卻不是，全都是。

　　例如父母，有些人可能從小單親，或者被父母拋棄，卻使他有優於常人的意志力。

　　例如伴侶，有些人可能被伴侶欺騙，或者拋棄，卻因此成為堅強獨立的人。

　　例如孩子，有些人可能孩子天生有疾病，或孩子早夭，卻讓他成為生命的鬥士。

　　例如工作，有些人可能被老闆壓榨，被開除，卻得到了調整自己並重新出發的機會。

例如健康，有些人可能在失去健康後才真正學會活在當下。

身處逆境不表示沒有眷顧，而是你的生命用這種方式在愛你，給你養分。人生不是只有順遂時才被生命所愛，而是無時無刻都被愛著。如果能在每個故事或每段關係中攝取「養分」，就會在其中看到愛。也許那些不順遂的時刻，當下令人很難看清，但時間拉遠一點來看，我們常會發現「如果不是⋯⋯，不會有今天的我」，於是就能看到原來它也是愛。

每個人都以你最需要的方式出現，以你最需要的方式陪伴你，並以你最需要的方式離開你，這就是他們的靈魂愛你的方式，也是「一」愛你的方式。

感謝每個「對的人」，

用最對的方式與我相遇，

用最對的方式愛我，

用最對的方式傷害我，

也用最對的方式離開我。

第二十二章：匱乏

　　所有的匱乏感，來自你盯著自己沒有的，而無視自己擁有的。從最單純的孩童時期來看，孩子得到一個糖果，他當下很快樂，於是他以為快樂來自"糖果"，便想要得到更多糖果來得到更多的快樂。可是當他得不到糖果時，他看到了"得不到"，於是他開始嚎啕大哭。快樂其實來自於「看到了自己擁有」，而不是那「擁有之物」。

　　請把視線從「擁有之物」移開，因為它是無常的、生滅的。也別大聲嚷嚷：「可是我已一無所有！」，你這麼說僅表示你自己動手切割了世界與你的所有關聯。即使當我們從娘胎光溜溜的出世，我們都擁有著全世界。

可是為何我們生來就有各種「匱乏感」？ 想要被陪伴、想要被愛、物質匱乏、精神匱乏、各種匱乏... 。匱乏感到底是不是好東西？

孩子得不到想要的，怒了。孩子感受不到被愛，哭了。孩子無法等待，什麼都想立刻擁有。孩子總是自我中心，只想著 "我我我"，心裡沒有 "他人"。其實，孩子生來打從心底記得，自己應是無所不能、本自圓滿具足的那個上帝。

他們因為來自 "一體"，天生感到 "沒有他人"，卻來這世上體驗 "他人"。所以當孩子出生到世上，這個天上天下唯我獨尊的上帝被塞進一個小小的、無助的、無能為力的身體，他必定很快就充滿匱乏。

273

當「愛」感到離開愛；當「一體」感到分裂；當「圓滿」感到缺失；當「具足」感到匱乏；當「無所不能」感到寸步難行，試想一個本自圓滿具足的上帝被困在窄小的人類視野，那會是多麼不滿足、多麼無能為力、多麼難受困頓的事。

　　可是正因為感受匱乏、感受不足、感受無能為力，所以得到了追求圓滿的動力。而就是這個動力，能帶著我們踏上 "尋找神" 的旅途。只是很多時候，我們把注意力放在不斷追求「缺失之物」、不斷填補各種「匱乏」，甚至執著於非要那個，這個就不行。導致只有這個而沒有那個，仍然「匱乏」縈繞。

其實我們忽略了「匱乏」真正的恩典--逼著我們去尋找「圓滿」。「圓滿」來自於看到自己是本自具足的整體的上帝，不是那個視野窄小的單一的人物角色。

請把視線從「缺失之物」移開，你需要的不是補足「缺失之物」，而是利用各種「匱乏感」去看到你--上帝是戴上了哪些信念濾鏡，導致你遺忘了那本自圓滿具足的視野、那天上天下唯我獨尊的廣大遼闊。穿破那些讓你無明的濾鏡-- 執著、分別、妄想，你就會看見真實的自己其實是 "那個... 上帝、如來、真主、宇宙萬有、一...你要叫它什麼都行。當你明白自己是什麼，你對世上的一切實相都會非常放鬆看待。於是你放開緊握的拳頭，整個世界都在你掌心。這時，「豐盛」只是隨之而來的副產品，但你真的也不那麼在乎了。

以「金錢」舉例來說，如果你以為要有錢才能不怕窮，那就是完全搞錯方向，「怕窮」這件事才是真正使一個人窮的原因。因為你會把精力都關注在「避免窮」之上，你的言行都環繞在如何「避免窮」，那麼宇宙就會給你更多「窮」來滿足你想要「避免窮」的欲望。

　　換言之，有錢人之所以有錢，是因為他「不怕窮」，於是他才能把精力都關注在「財富帶來的美好」之上。宇宙對「金錢」並沒有好壞判斷，它只是把你不斷關注的東西給你。如果你現在是窮的，你至少要先做到「不怕窮」。停止對「窮」的恐懼，然後翻過身來開始單純關注金錢所能令你擁有的「美好感受」。即使眼前的「美好感受」可能還少之又少，但良性循環自然會使你的關注之物積沙成塔。

於此我也想特別提醒一件事，不要認為只有得到錢才會得到所有你想要的快樂或解決你所有的煩惱。你應認知，當你解決所有煩惱，你會得到所有你想要的快樂，而金錢只是自然而然來幫你達成這一切。

金錢是一個 "中性物"，它本身沒有好壞，它是這個世界輔助實相生成的其中一種 "協辦工具"，所以不用盯著它看。當你想要獲得某種生活，金錢自然得協辦你達成你想要的生活。你該關注的是它能帶給你的「美好感受」，而不是「金錢」本身。

「美好感受」並不來自於 "擁有金錢"。人之所以感到「有錢就美好」，乃是在於使用金錢時常帶來「美好感受」。你需要認知，「美好感受」也可以來自任何金錢以外的事物。得到世間所有快樂無非如此而已，永遠只看自己當下擁有的，感受這個美好，再也別去看你沒有什麼，你將遺忘什麼是「匱乏」，於是活在極

樂世界、活在豐盛。 物質如此、情感如此、身體覺受如此、精神思想如此。

真正「豐盛的心」，不是你一定要擁有什麼才能感受美好，而是無論你擁有什麼，你都感受美好。巴夏曾說：「你得接受顯化出來的東西，因為顯化那個是有原因的，然後以最積極的方式利用顯化出來的東西，即使那不是你喜歡的」。這也是為何「將心中各種對喜不喜歡的 "認定" 解除」是如此重要，因為當你不再認定什麼才能使你喜歡，你會非常容易就能喜歡所有你顯化的東西，於是你便能總是生活在美好豐盛的感受中，也於是這樣的心境，會持續為你顯化更多豐盛美好的事物。

最後我想告訴你，即使在這世上一切都是不斷生滅的假有，你還有個不生不滅的真實的你---「覺察」。這就是為何「活成真正的自己」是如此重要。因為實相系統中的萬事萬物，都是無常

生滅的，唯有「覺察」是那個不生不滅的。所以請別這麼用力看待人生遊戲裡的各種遊樂設施，我們光溜溜地來，也將光溜溜地離開。來此只是為了體驗實相與創造實相。體驗了又激發創造，創造了然後再體驗，最後離開時任何實相都帶不走，因為我們本是 "沒有實相" 的存有，我們是那個「覺察」。

所有的實相從生生世世的長河去看，就算此生活成百歲，那也是何其短暫的一小段。那麼，如果你是企業老闆，就開心去玩你的事業；如果你是領薪階級，就選擇你真正喜愛從事的工作；無論你是什麼身分，就真真切切去享受你當下擁有的身分。因為你必須先「輕鬆看待賺錢」，你才能「輕鬆賺錢」；你必須先「輕鬆看待擁有」，你才能「輕鬆擁有」。不怕失去一切，便是最輕鬆的處世態度。從此你是自由的、無畏的、隨順生命熱情流動的。

緣份是無常的。不要去信任緣份，不要去信任任何的情感關係，就像你無法信任誰會永遠為你活著；不要去要求承諾，就像你無法要求誰承諾永遠為你活著。你當信任的是，**宇宙給你的永遠是禮物，這是你唯一當信任的**。唯有如此，無論這世界怎麼變遷、怎麼成住壞空、怎麼無常，都傷不了你，並且你永遠可以從無常中看到美好。

花開花謝，我們在花開綻放時感覺美好，在花謝凋零時為花朵哀嘆，這是因為我們認定只有花開綻放時，花才美麗，如果我們懂得去欣賞整個花期，那花開花謝的全程本身就是美麗的。當一個人不再期待承諾，不再信任自己能佔有什麼，才能珍惜每個當下去活，才能用恆常不變的 "當下的心" 安住在無常裡。

現在我想帶你做一個消除匱乏的宣告，宣告時你的「小我」可能會很想發瘋，但如果你契入這個宣告，你會忽然發現自己再

也無所畏懼。唸不下去不用勉強，知道自己還有匱乏和恐懼，就繼續破分別、執著吧！（關於＂破分別執著＂，可回溯【讓小我臣服】章節。）

『即使法律無法保障我，即使道德無法庇護我，即使父母不能疼愛我，即使兒女不能孝順我，即使伴侶不能承諾我，即使我不能被認同，即使我不能被尊重，即使沒有人關心我，即使沒有人照顧我，即使沒有人疼愛我，即使我窮迫潦倒，無論外境如何，皆不影響我，因為我是宇宙本身，我本自圓滿具足，一切皆在我之內。

從現在起，我不再責怪外境，我對我所投射的一切經歷負責，我寬恕我將它們投射出來的一切原因，我自主意識去決定我將投射出來的一切體驗。』

還行嗎？相信我，你已經擁有任何你需要的，即使你肉眼看不見，但它們就在你裡面，不增不減，因為你本自圓滿具足，你就是你的宇宙本身。當你認識了真正的你是什麼，這世界就沒有什麼能使你感到匱乏和恐懼。這不是消極，而是真正看見圓滿。

第二十三章：顯化

　　如果你前面章節都沒看，直接進入此章節要閱讀，我敢說十之八九其實你根本不知道自己人生目的是什麼，你只是以為，有了你想要的，一切就都沒問題了。

　　其實你無時無刻都在顯化，即使是在夢裡，你也在顯化。顯化的意思，就是將意識放在信念上，把實相顯化出來。你永遠只能看到自己信念投射出的實相（現象），你也永遠只能感受到自己信念解釋出的認知。

　　當負面現象重複發生時，就這樣去提醒自己：「這是我的信念投射出來的，外境只是鏡子，這些人是演員，配合我的信念在演出，我對這個外境的解釋，就是我將它投射出來的信念」。然後你可以馬上回頭去找信念，看是什麼將它投射出來的。例如「自

卑自責」會投射外境有人責備你，而自卑自責來自「你定義了什麼會使你感到自卑自責」。好的，丟掉那個定義，不再使用它。

馬上做這個動作有兩個好處，一是你立即轉移注意力去找信念，不容易被故事拉跑去繼續解釋對境而產生情緒。二是你在對境發生的當下，直覺最敏銳，因為你正在使用這個信念，所以此時最容易照見它，就算暫時無法照見信念，也請覺察到你正產生的解釋，待你沉靜時再去回照也沒關係。

信念有時是很深的，常常會是累世帶進來的（其他世的信念滲漏），於是這輩子又顯化相同劇情。所以心理醫生常說的「兒時創傷」，其實不見得是兒時創傷而已，通常那個兒時使你創傷的劇情，根本就是由其他世帶來的信念（業力）顯化的，只要你認出那個信念，且不再使用它，不再那樣認知，它就失去作用。

消化信念，其實就是「當你看到那個信念，你就已經知道它只是個信念，你完全可以決定要不要使用它」，所以如果它還一直在，那就是你自己還抓著它不肯放，或有更深的什麼與它糾纏，你需要往更深處去照見，直至連根拔除。這世界是由意識產生的，你自己的故事也是由你自己的意識產生的，所以意識可以「選擇信念」去「顯化現象」。控制好意識，你就是在控制你的世界。

控制意識的方式就是將意識對準某種想法，然後賦予那個想法強烈的能量。你也可以不斷重複去做對準的動作，這樣就是在不斷賦予它能量。現在，既然你知道它的運作方式，你必會時時刻刻更謹慎選擇你的想法，因為你知道重複賦予糟糕想法能量，將會顯化什麼。

-『限制性信念』

這裡我先舉一些常見的「限制性信念」，方便你可以自我審視：

1.　我很聰明，我只是不愛念書。

2.　我遇到大考就失常。

3.　我是月光族。

4.　我永遠沒有足夠的財力。

5.　我沒有創造力，我沒有想像力。

6.　我運氣很差。

7.　我很笨。

8.　算命好事都不準，壞事都一定發生。

9.　我不是好父親 / 母親。

10.　我痛恨暴力。

11.　......是人生中最重要的事。

12.　我討厭我的工作。

13. 老闆總是罔顧員工權益的。

14. 我喜歡做的事無法養活我。

15. **金錢是萬惡之源。**

16. 這個我不會，我可能做不到。

17. 長得不好看就不受重視。

18. 我沒有偏財運。

19. 停車位好難找。

20. **人性本惡。**

21. 有恩必還，有仇必報。

22. 國仇家恨，沒齒難忘。

23. 身體是污穢不淨的。

24. 性方面的念頭都是壞的。

25. 善良的人都容易受騙上當。

26. 我連自己都養不起了，憑什麼養一個家。

27. 美女是花瓶，帥哥是草包。

28. 男人聽老婆的話是怕太太。

29. 我總是遇到渣男（渣女）。

30. 我就是個小三命。

31. 偷吃過的人一定還會再犯。

32. 有錢說話就大聲，沒錢只能認命。

33. 言多必失。

34. 人老就不中用了。

35. 減肥好難，吃空氣都會胖。

36. 到處都是黑心商品，吃什麼都有毒。

37. 我需要注重養生才能維持健康。

38. 我是個惹人厭的人。

39. 沒有人愛我。

40. 我不配擁有……。

41. 失戀好痛苦。

42. 我一個人好寂寞。

43. 人都是自私的，沒有人要幫助我。

44. 不是冤家不聚頭。

45. 人生好苦。

46. 人生是毫無意義的。

47. 我無法抗拒......。

48. 我很討厭......。

49. 我有精神疾病，我無法好好思考。

50. 年老了都會生病。

51. 身體如同機器，故障時只有醫生能修理。

52. 更年期是令人悲哀的事。

53. **死亡是令人悲傷的事。**

54. 吸菸會致癌。

55. 孩子都有叛逆期。

56. 我有......病，我的孩子很可能也會有這個遺傳疾病。

57. 我不能讓孩子受到任何傷害，若孩子受傷我會非常自責。

58. 我擔心我的孩子會......。

59. 我的孩子很特別，一定會受到排擠或霸凌。

60. 我的孩子會重蹈我的覆轍。

我無法列出所有的「限制性信念」，然而你只需要明白一件事。你是怎麼想的，你就能得到什麼人生體驗，每件事情其實都有開放性的結果，你不應該限制它怎麼發展。請看看上述那些信念將會帶給一個人什麼樣的體驗！

　　所以，請你務必檢視你每個慣性使用的信念，因為它們會深刻地、強烈地影響你的人生。信念顯化實相、相由心生、萬法唯心造、外境是心的投射...，這在講的都是同一件事，我們怎麼意念，外境就怎麼顯化，我們若慣性怎麼意念，外境就無窮迴圈怎麼顯化，完全是 "心想事成"。你可能會抱屈：「哪有啊？我總是事與願違。」好的，那宇宙就只好總是把「事與願違」給你，因為你認定你總是得「事與願違」，這就是「信念顯化實相」的方式。

- 『世俗價值信念』

　　這些世俗信念導致一個人感覺自己是「受害者」或「加害者」。當感受自己是「受害者」時，會因壓抑自我而產生怨懟，這便是家庭中的「悲劇苦主」。怨懟久了會無意識地去 "懲罰" 加害者或身邊的其他人，這便是社會上的「正義魔人」。當感受自己是「加害者」時，會因產生負罪感而為自己製造 "自我懲罰" 的情境。

1.　　我要做到讓人沒得嫌，不能 "被討厭" 。

2.　　我需要 "被愛" 與 "被尊重" 。

3.　　與我分手就是 "拋棄" 我。

4.　　我希望我的付出 "被看見" ，希望 "被感激" 。

5.　　我願意為孩子 "犧牲" 自己的幸福。

6.　　我很講 "義氣" ，決不背信忘義。

7. 我是 "忠心耿耿" 的員工。

8. 我願為他人 "犧牲" 自己的利益。

9. 相愛就需要互相 "承諾" ，無法承諾就是 "不夠愛" 。

10. 孩子在學校與同學相處不睦，一定是被 "霸凌" 了。

11. 我沒有收入，所以我在家中沒有價值和地位。

12. 孩子有了伴侶就不要我了。

　　你要認知，當「受害者情結」已造成，你眼下能做的就是有意識地停止「懲罰他人」或「自我懲罰」，然後打破那個世俗信念。你需知道，「受害者」與「加害者」的感受來自你的認知，而你的認知來自世俗價值觀的洗腦，你大可不用拿世俗信念給自己或他人貼標籤，每個當下只需發自真心誠意去面對和處理問題即可。

-『道德綁架信念』

　　這些信念使我們以聖人標準套用在自己或他人身上，聲稱是美德，去要求自己或他人履行道德義務。當自己無法符合標準，便試圖以凡心去模仿聖人行為，於是壓抑自我而導致心智嚴重扭曲。結果要麼自認是「悲劇苦主」；要麼成為嫉惡如仇的「正義魔人」。

　　我得先提醒你，以下信念你可能從來不覺得它有問題，也已經使用了大半輩子，但它們都是阻礙人類發展「愛的能力」的信念。你最好拋開這些信念，然後重新審視自己是否有「愛匱乏」的問題。

1.　孩子一定要孝順父母。
2.　不孝有三，無後為大。

3. 我必須盡到我的責任。

4. 孩子必須學會分享（孔融讓梨）。

5. 婚姻必須從一而終（貞節牌坊）。

6. 男人有養家的義務。

7. 教養孩子是父母的義務。

8. 父母對孩子是無條件的愛。

9. 養兒防老。

10. 子女有扶養父母的義務。

11. 言必信，行必果。

12. 性慾是不純潔的、羞恥的。

13. **言而無信謂之賊。**

14. 受人點滴，湧泉以報。

15. 忘恩負義一定沒有好下場。

16. 失信背叛是惡劣行徑，罪無可恕。

17. 巧言令色，鮮矣仁！

18. 老吾老以及人之老；幼吾幼以及人之幼。

19. 子不語怪‧力‧亂‧神。

20. 敬鬼神而遠之。

　　許多信念看似正確良善，但卻限制了你的靈性發展。也許你靠 "孝順" 來善待父母；靠 "責任" 來維持婚姻；靠 "義務" 來養育下一代；靠 "法律" 維持社會秩序；靠 "道德" 來規範言行舉止。你感覺這沒有什麼錯，然而你其實在限制自己 "愛" 的能力。

　　我們因為行為上有 "道德規範"、"世俗價值觀"，所以總是著重於行為上符合道德期望、符合世俗期望、符合所有他人期望，於是完全忽視了靈性的成長。最麻煩的是，這世上許多人以為自己已是成年人，心智必定是成熟的，只要言行合乎道德，就是個沒什麼需要改變的 "好人"。殊不知如此反而導致靈性成長停滯，長年做一個人類兒童而不自知。

「道德綁架信念」其實無異於「世俗價值信念」，它們都會產生想要「自我懲罰」和「懲罰他人」的動機。像是如果有人認為「受人點滴當湧泉以報」，同時他也認為「忘恩負義一定沒有好下場」，當他受人幫助卻又無力回報，他簡直以 "落入永無翻身之日的悲慘下場" 作為「自我懲罰」。

如果有人認為「婚姻必須從一而終」，同時他也認為「失信背叛是惡劣行徑，罪無可恕」，那當他遇到伴侶失信背叛時，他也許寧可活在痛苦關係中當個「受害者」，也不會選擇終止關係，甚至進而去對他認為的加害者作出一些「懲罰」的行為；又或者他選擇終止關係，但卻因違背信念而得到莫大的「負罪感」，於是可能用孤寡餘生來「自我懲罰」。

「世俗價值信念」與「道德綁架信念」常常是使你感到 "遠離愛" 的信念，希望抱守這些信念的人，請理解是這類的信念在阻止你 "得到愛" 及 "給出愛"。任何圓滿的人生只來自圓滿的

自心投射，請別再外求心靈雞湯、別再學習更多的仁義禮智信，修得圓滿自心是你能做的唯一有效的事。

你需要知道，《金剛經》云：「一切賢聖皆以無為法而有差別。」（譯：一切出世間的賢聖皆以證得“無為法”而與凡夫有所差別）。如果你要以凡人的心去模仿聖人行為，我寧可你按照你的凡心而為。別為難自己了。做不到時，請努力讓自己成為聖人，勿強迫自己的行為去到達而扭曲心智，造成更多傷害。

-『凡聖批判信念』

　　最後要為你---也就是正在靈修的你，列出修行上的「凡聖批判信念」。當你成為一個修行人，你可能會開始以 "聖人的標準" 來限制和批判自己或他人。這些信念在修行路上往往最容易導致 "信仰衝突" 和 "修行滯礙"。另一方面，我可以理解當你潛心修行、不斷突破各種境界時，你將會面對許多批評與不諒解，所以為了安慰你這顆孤獨的美麗的心，我特別將它們列舉出來。

1.　修行人不可擁有名、利、情。

2.　吃肉殺生是有罪的。

3.　身體是污穢不淨的。

4.　修行應禁慾、神職人員應獨身。

5.　神職人員不應有俗世生活。

6.　修練神通是邪門歪道。

7. 神聖字彙不可褻瀆。

8. 三界是火宅，一定要出離。

9. 教徒一定要遵守戒律或教條。

10. 修行人不該艷妝華服。

11. 神職只能無償服務，不該營利。

12. 開悟者不該擁有自我（self）。

13. 修行人不該看起來在發怒。

14. ...教徒，不該看其它宗教的經典，不該聽信通靈訊息。

　　　（我相信還有不少，但較常見的也就這些）

　　我們在這裡借假修真，許多境界沒有修行的人不會理解，修一半的人也不會理解，不同宗教的不會理解，甚至同宗教不同教派的也不會理解。我舉佛教為例，<u>聖嚴法師</u>曾提及 "因境界不同而各人各自表述" 的情況：

　　『《六祖壇經》中也談到無住無相無念，二者大同小異。「無住」是什麼呢？就是不在一個念頭或任何現象上產生執著，牢牢

不放。比如受了打擊，被心外的事物所困擾，那叫心有所住。又比如貪男女色的，心就注意男女色；貪名的，心注意名；貪財的，心注意財；貪美食的，心注意美食。 這些人若沒有女色、男色就活不下去，沒有名、沒有財就渾身不對勁，沒有美食也不能過日子，心中老是牽掛著這些東西，這就叫「有所住」。至於心無所住呢？美色當前也當作是平常事。《維摩經》中的天女散花，又是美女又是鮮花，菩薩們看了若無其事，認為是天女自己在散花罷了，跟菩薩們不起關聯；可是那些阿羅漢對美女和鮮花還存有潛在的厭離心，所以花落到他們身上就掉不下來了，這是因為心有所住。因此，「心無所住」是身在紅塵能不受紅塵困擾，「生其心」是出入紅塵還能救濟紅塵中的眾生，為他們說法。這個心就是慈悲心和智慧心，是佛和菩薩們的境界。』

---摘自《聖嚴說禪》-應無所住而生其心

　　在此我只能勸勉，請安住自心，不要批判自己或他人的修行。只要你很清楚你沒有退轉、你很清楚你還保任、你很清楚你的心

還在道上，那麼你不需要任何〝被理解〞，因為這條路上永遠只有你一個人和你的世界，別忘了這是你的私人宇宙。

OK，我假設現在你的信念都大掃除得差不多了。為什麼要先清除舊信念？因為如果你的投影機鏡頭上沾滿髒東西，無論你掛什麼投影片上去，都無法乾淨投射出你要的結果。這也是為何〝顯化〞會放在最後一個章節。《心經》：「色即是空，空即是色」，它不是像「A＝B，B＝A」的一句廢話。「色即是空」指〝萬法皆空〞；「空即是色」指〝真空生妙有〞。當心中一切歸於空性，才正要開始進入顯化的境界。

-『顯化的操作』

　　我將操作顯化的三個時期簡化整理如下。不過首先要提醒你一件事：你就活在你的能量裡，你連颱風都能顯化，記得嗎？真正的你是本自一切圓滿具足的宇宙本體。所以當你需要任何，你不用去吸引它們來，它們都在你裡面，你只需把它們「顯化」出來。

第一期：承認並徹底知道外境是自心投射、實相由信念顯化。

　　首先你一定是徹底地知道這世界一切是幻境。就是「不只是相信，而是真的知道」的程度。那麼無論發生什麼事，你才能總是不為外境所動。

判斷自己是否已真的"知道"，就看各種劇情發生時，你是否還會有情緒。因為人心很奇妙，一旦真的將之認定為「自心投射的幻境」，你最基本能到達的境界就是"真的不會對任何「本來可以使你動怒的事」再動怒"。

這跟忍耐或轉念無關，這就是一個很直接生不出氣的反應。所謂「得成於忍」，不是在忍耐眼前這個對境，而是忍住不把對境當真。當〔第一期〕已經達大約六成以上，就會很自然進入〔第二期〕。

第二期：回看這個外境是被什麼信念顯化出來的。

　　讓我簡單為你列出一些常見的「感受」會顯化什麼現象。記得信念小屋嗎？因為我們要認出刀子，那就先 "覺察" 這把刀子捅你時是什麼「感受」。然後你可以透過這個「感受」，再去認出這把刀子---扯出其背後那些複雜的你的信念。至於那些複雜的信念可能會是什麼，本章前段已詳述，於此不再討論。

· 　　「自責」會顯化外境來折磨，大小程度要看自責程度。

· 　　「自卑」會顯化他人輕視你，有時甚至他人根本無輕視之意，但你自己會解讀為 "他在輕視" 或 "我在他眼中不夠有價值"。

· 　　「恐懼」會顯化更多令你擔心害怕的情境。

· 　　「憤怒」會顯化更多你所瞋恨、抗拒的。

· 　　「急躁」會顯化更多的等待，甚至只是感到等待相對漫長。

· 　　「煩亂」會顯化雜亂的外境、更忙亂的劇情。

· 　　「貪心」會顯化更多誘惑、不足。

- 「驕傲」會顯化更多你所輕慢的，甚至輕慢真正的智慧。

- 「懷疑」會顯化被欺騙，甚至自以為被欺騙。

- 「匱乏」會顯化失去。

　　一個複雜的劇情就是一堆複雜的信念前前後後交織在一起顯化的。你可再利用該劇情使你產生的「感受」而去回推是什麼「信念」使你產生這種「感受」。

　　一旦回照到自己有哪些"負面信念"，就放開它們，不再與之相應。不理會、不關注、不放任何能量於它們之上。不用懷疑，任何能"觸動你"的故事一定都與你有關，即使不是發生在你身上、即使只是一個令你想批判的"朋友的故事"，你都一定擁有那把信念刀子，否則你不會被"觸動"。無論你從此生的回憶中能否尋得"我持有那把刀子的理由"、無論它是否來自累世、甚至來自集體意識，都無所謂，總之你已經於此生覺照到了，你就絕對可以用「當下」的力量摧壞它。

凡事發生都習慣只去照見「信念」，並放掉 "負面信念"。漸漸地，你開始遇到任何事都能很快地照見「信念」。然後〔第二期〕若已經達大約六成以上，就會很自然進入〔第三期〕。

第三期：將去蕪存菁後的信念顯化出來。

由於在〔第二期〕時已經釋放掉大量 "負面信念"，並保留 "正面信念"，於是此時期你會直接感覺到生活已經大大美化。因為已僅少有 "負面信念" 在為你顯化你的故事，並且你也更能將 "正面信念" 乾乾淨淨地顯化出來。

首先請記得一件事，「意識先於能量、能量先於物質實相」，所以無論想顯化的是物質、體驗、一種生活、一整個人生故事...，請先使用意識觀想它，鉅細靡遺，越清晰越好，如此它會於非物

質實相的維度中先存在。然後，錨定它！持續用意識不斷對準它
---賦予它能量，它便會於我們的物質實相維度顯化出來。

　　新建立的「信念」只要堅定地放在你心裡就好。你不需一直
焦慮地關注它是否能正確顯化、是否可能無法顯化、是否需要備
案...，任何擔心都放下，完全地信任你的宇宙已在為你籌備你所
念想。它就像一種堅定不移的 "認定" ---一種不容質疑的確定感、
必會發生的確定感。就像你決不會懷疑明天早上太陽是否會升起，
所以明天即使是陰天，你都會知道太陽的確有升起，它就在那，
儘管它暫時被遮蔽了。

-『顯化幸福』

　　你可能很想討論怎麼顯化財富了吧？只要你已放掉「金錢匱乏的恐懼」，那要顯化財富其實真的不難。我想告訴你一個竅訣，就是「**當你欲給出，宇宙必讓你擁有，因為你無法給出你所沒有的**」。

　　你當然可以把這句話直接應用為「當你欲給出金錢，宇宙必先讓你擁有」，但如果這就是我說的竅訣，那也未免太俗套了。況且許多人即使有錢也不幸福，因為能不能幸福其實主要問題不在於有沒有錢，我想你也不希望做一個 "窮得只剩下錢" 的人。

　　現在請想一想你將錢開心地花在自己、愛人、孩子、親人...的各種 "滿足所需" 與 "滿足玩樂" 上---那個因為花錢而得到 "幸福美好感覺" 的當下。嗯，是的，有錢花真幸福，真的好感

謝宇宙讓我擁有這種幸福。「我要讓所有的人都能擁有這種幸福」，就發這個願吧！而讓他人幸福不限於 "分享你的金錢"，它可以是任何形式的 "愛的分享"，只要你欲給出幸福，宇宙必先讓你擁有，因為你無法給出你所沒有的。

然後你要理所當然的知道，幸福雖然可以來自任何形式，但你因為已將「開心地花錢」這個象徵物和「幸福感」建立關聯，所以宇宙會明白你要的是「幸福」，而「讓你開心地花錢」是可以達成的。我們都不想成為不幸福的有錢人，對吧？ 所以重點是「擁有幸福」。而幸福不限於「有錢」，當然也不排除「有錢」。現在你只需要無條件地給出任何你的愛，像是分享你最好的知道、分享你的陪伴、分享任何你想得出來能讓人獲得幸福的，記住！你是「幸福給予者」！。

最後，我要給 "真正的" 幸福給予者（例如修菩薩行者）一些忠告。當你不再只是給予世間的幸福、當你發願去做一個靈魂

上的慈善家，請在「無我之境」擁抱所有靈魂的最高利益，無條件無分別地給予靈魂幸福。如此，即使看起來是不幸之事，你都會知道這必然已符合了所有靈魂的最高利益，一切都會是最好的安排。

為什麼要在「無我之境」去做？因為處事時「自我」若參與其中，當事情在表面上有不好的發展，你的「自我」會非常挫折，會懷疑自己的判斷、懷疑自己是不是在給出幸福。這就像即使你真心因為愛孩子而打罵孩子，當你看到孩子被打得哇哇大哭，你仍會感覺自己在 "給出傷害"。

然而判斷 "靈魂的最高利益" 並不像你用人智去判斷 "孩子的利益" 這麼簡單，我只能說，根本無法透過「你」去判斷。所以你唯一能做的，就是完全放下「自我」的判斷，進入「無我之境」，完全做一個宇宙的 NPC（Non-Player Character）。

你需要非常清楚你的「自我」並沒有參與其中；非常清楚你並不是用「所有靈魂的最高利益」在包裝你的「自我利益」。如此當你為他人靈魂的利益在傷害其肉身的利益時，或你為更多靈魂的利益在"暫時"犧牲少數靈魂的利益時，你不會陷入無盡自責。這就是「有意識地當個壞人」與「無意識地當個壞人」的差別。雖然無意識地當個壞人，反而更能當個渾然天成的壞人，但你不是壞人。還記得嗎？你只是靈魂的慈善家，所以為光明扮演黑暗並不是輕鬆的事，稍有閃失「你」都可能痛苦萬分。

尤其當你對付的是所有人的「小我」，你自然就是所有「小我」的敵人。無論外在有多少「小我」在撻伐你，請你安住在「無我之境」，看著自己這個提線木偶去行上主讓你做的事。不要怕被罵、不要怕被恨、不要怕沒人理解、不要怕失去一切，因為這裡沒有"一切"可得可失。撐下去，你並不寂寞，整個宇宙都會支持你的發願。相信神的安排，完全的信任，因為「神只給出禮物，每件事都是禮物，無論它看起來像什麼。」

我並不是在說從此你不可以擁有「自我」，但當「自我利益」波及到「他人利益」時，請記得在「無我之境」去看你的人生電影，那你就能演好你的角色。當劇中每個 "你" 的人生都逐漸走向圓滿豐盛，你自己的人生也會是。

結語

　　本書獻給集體意識及其中每位貢獻書中內容的存有，感謝上帝、感謝諸佛菩薩、感謝觀世音菩薩、感謝每位曾經循循善誘諄諄教誨的大師們、感謝宇宙萬有給予的支持與服務，讓我將這些訊息撰述成冊。願所有靈魂都能獲得其最高利益，永遠走在最好的安排上。

　　願以此功德，迴向閱讀本書之讀者與流布者，及十方法界眾生，皆能離苦得樂，速成正覺。

-全文完-

想了解更多，FB 粉絲專頁請搜尋「光行文化」

人生操作手冊

作者	Faline
出 版 者	光行文化-Lightwalker Culture
地 址	新北市三重區重新路四段 53 號 16 樓
電 話	02-55760458
電子郵件	lightwalker.culture@gmail.com
FB 粉專	www.facebook.com/lightwalker777
FB 社團	www.facebook.com/groups/lightwalker.culture
電子書出版年月	民國 110 年 1 月 初版
電子書 ISBN	9789860624106(EPUB)
實體書出版年月	民國 110 年 5 月 初版
本版次	民國 113 年 3 月 初版 五刷
實體書 ISBN	978-986-06241-1-3(平裝)
定 價	NT$ 369
書籍製作	光行文化-Lightwalker Culture

國家圖書館出版品預行編目(CIP)資料

人生操作手冊　= Journey of life manual / Faline 作.
　-- 初版. -- 新北市：光行文化, 民 110.05
　　面；　公分
　ISBN 978-986-06241-1-3(平裝)

　1.佛教修持

225.87　　　　　　　　　　　　　　　110005641